神殿的基石

布拉加箴言录

Lucian Blaga

[罗马尼亚] 卢齐安·布拉加 / 著

陆象淦 / 译

广东省出版集团
花城出版社
中国·广州

图书在版编目（ＣＩＰ）数据

神殿的基石：布拉加箴言录／（罗）布拉加著；陆象淦译． —— 广州：花城出版社，2014.4
（蓝色东欧／高兴主编．第3辑）
ISBN 978-7-5360-6947-3

Ⅰ．①神… Ⅱ．①布… ②陆… Ⅲ．①布拉加—箴言 Ⅳ．①K835.425.6

中国版本图书馆CIP数据核字(2013)第308170号

书名原文：LUCIAN BLAGA AFORISME
作　者：LUCIAN BLAGA

出 版 人：詹秀敏
丛书策划：肖建国　朱燕玲　孙虹
出版统筹：李倩倩
责任编辑：黎萍
技术编辑：薛伟民　凌春梅
装帧设计：棱角视觉 ANGULAR VISION

书　　名	神殿的基石：布拉加箴言录 SHENDIAN DE JISHI：BULAJIA ZHENYANLU
出版发行	花城出版社 （广州市环市东路水荫路11号）
经　　销	全国新华书店
印　　刷	恒美印务（广州）有限公司 （广州南沙经济技术开发区环市大道南路334号）
开　　本	880毫米×1230毫米　32开
印　　张	11.625　2插页
字　　数	300,000字
版　　次	2014年4月第1版　2014年4月第1次印刷
定　　价	38.00元

本书中文专有出版权归花城出版社独家所有，非经本社同意不得连载、摘编或复制。
如发现印装质量问题，请直接与印刷厂联系调换。
购书热线：020—37604658　37602954
欢迎登陆花城出版社网站：http://www.fcph.com.cn

神殿的基石

目 录
CONTENTS

记忆，阅读，另一种目光（总序）/ 高兴 / 1
精神自由守望者（中译本前言）/ 陆象淦 / 1

红日篇 / 1
珊瑚篇 / 65
沙漏篇 / 119
异端篇 / 147
简记篇 / 319

记忆，阅读，另一种目光

（总序）

高兴

昆德拉说过："人的一生注定扎根于前十年中。"我想稍稍修改一下他的说法："人的一生注定扎根于童年和少年中。"童年和少年确定内心的基调，影响一生的基本走向。

不得不承认，二十世纪五六十年代出生的人都有着不同程度的俄罗斯情结和东欧情结。这与我们的成长有关，与我们童年、少年和青春岁月有关。而那段岁月中，电影，尤其是露天电影又有着怎样重要的影响。那时，少有的几部外国电影便是最最好看的电影，它们大多来自东欧国家，几乎吸引了所有人的目光，是我们童年的节日。在某种意义上，甚至可以说，它们还是我们的艺术启蒙和人生启蒙，构成童年最温馨、最美好和最结实的部分。

还有电影中的台词和暗号。你怎能忘记那些台词和暗号。它们已成为我们青春的经典。最最难忘的是《瓦尔特保卫萨拉热窝》。"'空气在颤抖,仿佛天空在燃烧。''是啊,暴风雨来了。'""看,这座城市,它就是瓦尔特。"简直就是诗歌。是我们接触到的最初的诗歌。那么悲壮有力的诗歌。真正有震撼力的诗歌。诗歌,就这样和英雄主义和浪漫主义,紧紧地连接在了一道。

还有那些柔情的诗歌。裴多菲,爱明内斯库,密支凯维奇。要知道,在二十世纪七八十年代,读到他们的诗句,绝对会有触电般的感觉。而所有这一切,似乎就浓缩成了几粒种子,在内心深处生根,发芽,成长为东欧情结之树。

然而,时过境迁,我们需要重新打量"东欧"以及"东欧文学"这一概念。严格来说,"东欧"是个政治概念,也是个历史概念。过去,它主要指波兰、捷克斯洛伐克、匈牙利、罗马尼亚、保加利亚、南斯拉夫、阿尔巴尼亚七个国家。因此,在当时,"东欧文学"也就是指上述七个国家的文学。这七个国家,加上原先的东德,都曾经是以苏联为首的华沙条约组织的成员。

一九八九年底,东欧发生剧变。此后,苏联解体,华沙条约组织解散,捷克和斯洛伐克分离,南斯拉夫各共和国相继独立,所有这些都在不断改变着"东欧"这一概念。而实际情况是,波兰、捷克、匈牙利、罗马尼亚等国家甚至都不再愿意被称为东欧国家,它们更愿意被称为中欧或中南欧国家。同样,不少上述国家的作家也竭力抵制和否定这一概念。在他们看来,东欧是个高度政治化、笼统化的概念,对文学定位和评判,不太有利。这是一种微妙的姿态。在这种姿态中,民族自尊心也发挥着不可估量的作用。

但在中国,"东欧"和"东欧文学"这一概念早已深入人心,有广泛的群众和读者基础,有一定的号召力和亲和力。因此,继续使用"东欧"和"东欧文学"这一概念,我觉得无可厚非,有利于研究、译介和推广这些特定国家的文学作品。事实上,欧美一些大学、研究中心也还在继续使用这一概念。只不过，今日，当我们提到这一概念，涉及的就不仅仅是七个国家，而应该包含更多的国家：立陶宛、摩尔多瓦等独联体国家，还有波黑、克罗地亚、斯洛文尼亚、塞尔维亚、黑山等从南斯拉夫联盟独立出来的国家。我们之所以还能把它们作为一个整体来谈论，是因为它们有着太多的共同点：都是欧洲弱小国家，历史上都曾不断遭受侵略、瓜分、吞并和异族统治，都曾把民族复兴当作最高目标，都是到了十九世纪末和二十世纪初才相继获得独立，或得到统一，二次大战后都走过一段相同或相似的社会主义道路，一九八九年后又相继推翻了共产党政权，走上了资本主义发展道路。之后，又几乎都把加入北约、进入欧盟当作国家政策的重中之重。这二十年来，发展得都不太顺当，作家和文学都陷入不同程度的困境。用饱经风雨、饱经磨难来形容这些国家，十分恰当。

换一个角度，侵略，瓜分，异族统治，动荡，迁徙，这一切同时也意味着方方面面的影响和交融。甚至可以说，影响和交融，是东欧文化和文学的两个关键词。看一看布拉格吧。生长在布拉格的捷克著名小说家伊凡·克里玛，在谈到自己的城市时，有一种掩饰不住的骄傲："这是一个神秘的和令人兴奋的城市，有着数十年甚至几个世纪生活在一起的三种文化优异的和富有刺激性的混合，从而创造了一种激发人们创造的空气，即捷克、德国和犹太文化。"①

克里玛又借用被他称作"说德语的布拉格人"乌兹迪尔的笔为我们描绘了一个形象的、感性的、有声有色的布拉格。这是一个具有超民族性的神秘的世界。在这里，你很容易成为一个世界主义者。这里有幽静的小巷、热闹的夜总会、露天舞台、剧院和形形式式的小餐馆、小店铺、小咖啡屋和小酒店。还有无数学生社团和文艺沙龙。自然也有五花八门的妓院和赌场。布拉格是敞开的，是包容的，是休闲的，是艺术的，是世俗的，有时还是颓废的。

---

① 见伊凡·克里玛《布拉格精神》第44页，崔卫平译，作家出版社1998年版。

布拉格也是一个有着无数伤口的城市。战争、暴力、流亡、占领、起义、颠覆、出卖和解放充满了这个城市的历史。饱经磨难和沧桑，却依然存在，且魅力不减，用克里玛的话说，那是因为它非常结实，有罕见的从灾难中重新恢复的能力，有不屈不挠同时又灵活善变的精神。如果要用一个词来形容布拉格的话，克里玛觉得就是：悖谬。悖谬是布拉格的精神。

或许悖谬恰恰是艺术的福音，是艺术的全部深刻所在。要不然从这里怎会走出如此众多的杰出人物：德沃夏克，雅那切克，斯美塔那，哈谢克，卡夫卡，布洛德，里尔克，塞弗尔特，等等，等等。这一大串的名字就足以让我们对这座中欧古城表示敬意。

布拉格如此。萨拉热窝、华沙、布加勒斯特、克拉科夫、布达佩斯等众多东欧城市，均如此。走进这些城市，你都会看到一道道影响和交融的影子。

在影响和交融中，确立并发出自己的声音，十分重要。不少东欧作家为此作出了开拓性和创造性的贡献。我们不妨将哈谢克和贡布罗维奇当作两个案例，稍加分析。

说到捷克作家哈谢克，我们会想起他的代表作《好兵帅克》。以往，谈论这部作品，人们往往仅仅停留于政治性评价。这不够全面，也容易流于庸俗。《好兵帅克》几乎没有什么中心情节，有的只是一堆零碎的琐事，有的只是帅克闹出的一个又一个的乱子，有的只是幽默和讽刺。可以说，幽默和讽刺是哈谢克的基本语调。正是在幽默和讽刺中，战争变成了一个喜剧大舞台，帅克变成了一个喜剧大明星，一个典型的"反英雄"。看得出，哈谢克在写帅克的时候，并没有考虑什么文学的严肃性。很大程度上，他恰恰要打破文学的严肃性和神圣感。他就想让大家哈哈一笑。至于笑过之后的感悟，那就是读者自己的事情了。这种轻松的姿态反而让他彻底放开了。借用帅克这一人物，哈谢克把皇帝、奥匈帝国、密探、将军、走狗等等统统都给骂了。他骂得很过瘾，很解气，很痛快。读者，尤其是捷克读者，读得也很过瘾,很解气,很痛快。幽默和讽刺于是又变成了一件有力的武器,特别适用于捷克这么一个弱小的民族。哈谢克最大的贡献也正在于此:为捷克民族和捷克文学找到了一种声音,确立了一种传统。

而波兰作家贡布罗维奇与哈谢克不同,恰恰是以反传统而引起世人瞩目的。他坚决主张让文学独立自主。在二十世纪三四十年代,贡布罗维奇的作品在波兰文坛显得格外怪异离谱,他的文字往往夸张扭曲,人物常常是漫画式的,他们随时都受到外界的侵扰和威胁,内心充满了不安和恐惧,像一群长不大的孩子。作家并不依靠完整的故事情节,而是主要通过人物荒诞怪癖的行为,表现社会的混乱、荒谬和丑恶,表现外部世界对人性的影响和摧残,表现人类的无奈和异化以及人际关系的异常和紧张。长篇小说《费尔迪杜凯》就充分体现出了他的艺术个性和创作特色。

捷克的赫拉巴尔、昆德拉、克里玛、霍朗,波兰的米沃什、赫伯特、希姆博尔斯卡,罗马尼亚的埃里亚德、索雷斯库、齐奥朗,匈牙利的凯尔泰斯、艾什特哈兹,塞尔维亚的帕维奇、波帕,阿尔巴尼亚的卡达莱……如此具有独特风格和魅力的当代东欧作家实在是不胜枚举。

某种程度上,东欧曾经高度政治化的现实,以及多灾多难的痛苦经历,恰好为文学和文学家提供了特别的土壤。没有捷克经历,昆德拉不可能成为现在的昆德拉,不可能写出《可笑的爱》、《玩笑》、《不朽》和《难以承受的存在之轻》这样独特的杰作。没有波兰经历,米沃什也不可能成为我们所熟悉的将道德感同诗意紧密融合的诗歌大师。但另一方面,需要注意的是,由于语言的局限以及话语权的控制,东欧文学也极易被涂上浓郁的意识形态色彩。应该承认,恰恰是意识形态色彩成全了不少作家的声名。昆德拉如此。卡达莱如此。马内阿如此。赫尔塔·米勒亦如此。我们在阅读和研究这些作家时,需要格外地警惕。过分地强调政治性,有可能会忽略他们的艺术性和丰富性。而过分地强调艺术性,又有可能会看不到他们的政治性和复杂性。如何客观地、准确地认识和评价他们，同样需要我们的敏感和平衡。

一个美国作家，一个英国作家，或一个法国作家，在写出一部作品时，就已自然而然地拥有了世界各地广大的读者，因而，不管自觉与否，他，或她，很容易获得一种语言和心理上的优越感和骄傲感。这种感觉东欧作家难以体会。有抱负的东欧作家往往会生出一种紧迫感和危机感。他们要用尽全力将弱势转化为优势。昆德拉就反复强调，身处小国，你"要么做一个可怜的、眼光狭窄的人"，要么成为一个广闻博识的"世界性的人"。别无选择，有时，恰恰是最好的选择。因此，东欧作家大多会自觉地"同其他诗人，其他世界，和其他传统相遇"（萨拉蒙语）。昆德拉、米沃什、齐奥朗、贡布罗维奇、赫贝特、卡达莱、萨拉蒙等等东欧作家都最终成为"世界性的人"。

关注东欧文学，我们会发现，不少作家，基本上，都在出走后，都在定居那些发达国家后，才获得一定的国际声誉。贡布罗维奇、昆德拉、齐奥朗、埃里亚德、扎加耶夫斯基、米沃什、马内阿、史沃克莱茨基等等都属于这样的情形。各种各样的原因，让他们选择了出走。生活和写作环境、意识形态原因、文学抱负、机缘等，都有。再说，东欧国家都是小国，读者有限，天地有限。

在走和留之间，这基本上是所有东欧作家都会面临的问题。因此，我们谈论东欧文学，实际上，也就是在谈论两部分东欧文学：海外东欧文学和本土东欧文学。它们缺一不可，已成为一种事实。

在我国，东欧文学译介一直处于某种"非正常状态"。正是由于这种"非正常状态"，在很长一段岁月里，东欧文学被染上了太多的艺术之外的色彩。直至今日，东欧文学还依然更多地让人想到那些红色经典。阿尔巴尼亚的反法西斯电影，捷克作家伏契克的《绞刑架下的报告》，保加利亚的革命文学，都是典型的例子。红色经典当然是东欧文学的组成部分，这毫无疑义。我个人阅读某些红色经典作品时，曾深受感动。但需要指出的是，红色经典并不是东欧文学的全部。若认为红色经典就能代表东欧文学,那实在是种误解和误导,是对东欧文学的狭隘理解和片面认识。因此,用艺术目光重新打量、重新梳理东欧文学已成为一种必须。为了更加客观、全面地翻译和介绍东欧文学,突出东欧文学的艺术性,有必要颠覆一下这一概念。蓝色是流经东欧不少国家的多瑙河的颜色,也是大海和天空的颜色,有广阔和博大的意味。"蓝色东欧"正是旨在让读者看到另一种色彩的东欧文学,看到更加广阔和博大的东欧文学。

二〇一三年十月三十一日定稿于北京

主编简介:高兴,诗人、翻译家,一九六三年出生于江苏省吴江市。中国作家协会会员。现为中国社会科学院外国文学所研究员,《世界文学》主编。曾以作家、翻译家、外交官和访问学者身份游历过欧美数十个国家。出版过《米兰·昆德拉传》、《东欧文学大花园》、《布拉格,那蓝雨中的石子路》等专著和随笔集;主编过《二十世纪外国短篇小说编年·美国卷》(上、下册)、《伊凡·克里玛作品系列》(5卷)、《水怎样开始演奏》、《诗歌中的诗歌》、《小说中的小说》(2卷)等大型图书。主要译著有《梵高》、《黛西·米勒》、《雅克和他的主人》、《可笑的爱》、《安娜·布兰迪亚娜诗选》、《我的初恋》、《索雷斯库诗选》、《梦幻宫殿》、《托马斯·温茨洛瓦诗选》等。

精神自由守望者

(中译本前言)

陆象淦

对于中国读者来说，卢齐安·布拉加的名字也许还比较陌生，但在当今的罗马尼亚，这位现代作家、诗人、戏剧家和哲学家已经不是仅用"知名"二字所能简单概括，而成为令人瞩目的一个鲜明文化符号和民族精神的象征。在包括首都布加勒斯特在内的罗马尼亚的十多个城市都有以他的名字命名的街道。二战期间他短暂居住过的锡比乌城的锡比乌大学决定更名为卢齐安·布拉加大学。罗马尼亚国家银行两度发行印有他头像的纸币。至于他生前长期定居并从事写作、研究和教学的文化名城克鲁日，关于他的历史记忆的音符和标志更是随处可见。以卢齐安·布拉加的名字命名的克卢日大学中心图书馆和国家剧院广场上，都竖立着他的雕像。他那似湛蓝的湖水一般深邃的双眼似乎依然在注视我们这个世界和人们的心灵，闪烁着沉思的哲人智慧灵光和"形而上忧思"的幽幽诗情。由布拉加文化协会主办的一年一度的布拉加国际文化节作为一个国际交流、传播和研究平台，自一九九一年至今已经连续举办了二十多届，包括中国在内的亚洲、欧洲、美国、非洲、拉美和大洋洲三十多个国家的作家、诗人、戏剧家、文艺评论家、美学家和哲学家参与了这项形式多样和活泼的活动。布拉加的作品和思想作为罗马尼亚现代文化精髓之一正在走向世界。

巍峨的喀尔巴阡山犹如罗马尼亚的脊梁贯穿全境，绵延数百公里，构成三大地区——南部的罗马尼亚平原、东部的摩尔多瓦和西北部特兰西瓦尼亚的天然分界线。地处东、南、西喀尔巴阡山臂弯中的特兰西瓦尼亚高原素以物产丰富和风景秀丽著称。就字义而言，特兰西瓦尼亚意味着"森林那边的原野"。林木葱茏的山地、丘陵、河谷、溪流、湖泊、牧场给这个地区披上一件件清新、美丽的天然绿装。"活在山地牧场，逍遥赛过天堂"，这是布拉加描绘的罗马尼亚人生存和历史的基本韵律。这里人才辈出，可谓人杰地灵。布拉加正是她的一个天之骄子。

布拉加在一则箴言中曾这样说："我觉得自己的一切行为举止是一个很有阿德里亚地区特色的人；但又是一个具有罗马尼亚普遍特色和一定程度的欧洲特色的阿德里亚人。"一八九五年五月九日，他出生在特兰西瓦尼亚阿尔巴县塞贝什城的一个乡村牧师家庭，是这个家庭的第九个孩子，幼时曾患奇怪的失语症，直到四岁才会说话。后来。在遭受不公正的政治劫难后，他把幼时的失语看作一个深含寓意的先兆，曾写诗自嘲："卢齐安·布拉加是哑巴，犹如一只沉默的天鹅。"历史上，特兰西瓦尼亚饱经磨难，曾是争霸欧洲的三大帝国拉锯争夺的地盘。在布拉加出生和青少年时代，特兰西瓦尼亚处于奥地利哈布斯堡王朝的统治下，是罗马尼亚人与匈牙利和日耳曼等少数族群杂居的地区。布拉加少年时期先后就读于塞贝什城的德语初级小学和布拉索夫的"安德烈·沙古纳"中学。早在中学时代，他就表现出非凡的文学天赋和对于形而上哲理的强烈兴趣。一九一〇年，年仅十五岁的布拉加在《论坛》杂志上发表了第一首诗作《岸畔》。一九一四年，《罗马尼亚人》杂志上发表了他的哲学论文《试谈柏格森的直觉》，而他的中学毕业论文阐释的主题是爱因斯坦的狭义相对论。与此同时，他开始撰写箴言，在一九一五年三月至四月的《特兰西瓦尼亚报》上连续发表了一系列箴言和随想。

随着第一次世界大战结束和欧洲三大帝国——沙皇俄国、奥斯曼帝国和奥匈帝国的瓦解，特兰西瓦亚于一九一八年回归祖国怀抱，罗马尼亚实现了完全统一。统一的罗马尼亚王国开创了一个新的时代，提供了更广阔的自由空间，激发出空前的民族凝聚力和创造力。布拉加的创作生涯也开始了一个新的时期。一九一九年，他的第一本诗集《光明诗篇》和第一本箴言与随笔集《我的神殿的基石》先后问世，受到热烈好评。一九二〇年，他在就读的维也纳大学完成题为《文化与认识》的论文答辩，获得哲学博士学位后，旋即回到特兰西瓦尼亚，定居克卢日。一九二一年，他的上述两部作品获得罗马尼亚科学院颁发的新人奖，进一步激发了他的创作热情，在此后的十年间连续出版了《先知的脚步》（1921）、《睡梦颂歌》（1929）和《分水岭》（1933）等脍炙人口的诗集和多部诗剧。

从一九二六年开始，布拉加获得了就职于外交界的机会，先后任罗马尼亚王国派驻华沙、布拉格、维也纳、伯尔尼的新闻专员。一九三八年升任外交副国务秘书，随即转任驻葡萄牙特命全权大使。然而，一些人梦寐以求的"学而优则仕"并不是他的追求和理想。在外交界任职的同时，他依然孜孜不倦从事创作活动，除继续写诗和诗剧外，先后撰写和发表了关于认识论、美学和价值学的三部多卷本哲学巨著——《认识三部曲》（1930—1934）、《文化三部曲》（1935—1937）和《价值三部曲》（1938—1942）。他的这一系列哲学著述的原创性和学术价值得到学界的认同和赞赏，一九三七年因此当选为罗马尼亚科学院院士。翌年,被克卢日大学聘任为教授,主持"文化哲学讲座"。一九三九年初,正当其仕途蒸蒸日上之时,布拉加上书罗马尼亚国王卡罗尔二世恳请辞去外交界一切职务,专注于创作、研究和教学。

在诗歌写作和哲学研究之外,布拉加对于箴言这个不常见的文学体裁似乎始终情有独钟,视之为智慧的结晶,毕生不断进行这种"千锤百炼、杜绝废话"的"完美信条"的创作。因为,在他的心中"箴言文学是思想的食盐",或者说"一则箴言只是一小粒贵金属,却重似世界"。但这类文体的作品大多十分精炼简短,布拉加生前主要发表于各类报纸杂志,结集出版的只有上述《我的神殿的基石》(1919)以及《色彩斑斓的窗户》(1926)和《红日集》(1945)三种。一九四八年后,由于政治上的飞来横祸,布拉加被打入"阶级敌人"的另册,他的一切原创作品被禁止发表和出版,直至他去世十多年后,才部分解禁,陆续由后人整理出版了《沙漏集》(1973)、《珊瑚集》(1977)等箴言作品结集。我们迻译的这本《卢齐安·布拉加箴言录》,则是罗马尼亚人文出版社二〇〇八年出版的一个最新版本,不但收录和重新校订了此前出版过的《红日集》、《珊瑚集》和《沙漏集》中的文本,而且增加了布拉加从一九四八年至一九六一年去世前的十多年间撰写而"锁进抽屉"的一千多则箴言,以及其他没有发表或没有结集出版过的此类作品。

贯穿于布拉加创作的一个核心理念乃是对于作为整体的无限宇宙与作为部分的有限"存在"及其关系的探索,也就是他自己所说的"形而上的忧思"。当代罗马尼亚评论界有人说,布拉加的创作中交织着认识的希望和绝望、对于彼岸的渴望、对生命的热爱和挥之不去的死亡悬念;也有人说他对于罗马尼亚诗歌在深刻揭示大自然和宇宙奥秘方面的贡献之大,两次世界大战之间的任何罗马尼亚诗人无出其右者;更有人认为,他将罗马尼亚民族之魂的形象表达完美地整合进了他所说的罗马尼亚文化的"风格母体"。不过,在布拉加本人的心目中，形而上学思维似乎别有洞天。他说："形而上学体系是概念的诗篇。"形而上学家是"世界用来回头看自己的一只眼睛"，所以不论面对任何诱惑，"形而上学家始终应该是谱写一部独一无二诗篇的诗人"。这也许就是他的自画像。

一般认为，箴言是以规诫他人或自己为目的的一种文体，其表述方式必然十分简练，需用难忘的词句来陈述或揭示真谛或真理。布拉加的箴言可以说是浓缩的诗，他告诉我们："一个'词'中读出的不仅是它的意义，而是整个宇宙的声音，正如一个贝壳中传出的是大海的呐喊。"他历来反对任何道德说教和所谓的"绝对真理"，在他的笔下从广袤无垠的宇宙到一草一木，乃至尘埃微粒、水滴或沙子，无一不是鲜活的生灵，其存在轨迹或都可以给人以启迪。情与理交融，沉思中不乏激情，严肃中常含幽默，简之又简的三言两语，看似信手拈来，却有画龙点睛之效，蕴涵深刻寓意。布拉加集哲学家和诗人于一身，学识渊博，从古希腊神话和基督教《圣经》到现代科学的新发现，从神话传说的英雄到近现代名流，无不是他在箴言中广征博引的对象，种种形而上学的话题也因此褪去了玄奥的色彩，其手法之精妙，令人或拍案惊叹，或莞尔于心。譬如说，对于有过无数评论的哲学家黑格尔、尼采和音乐家贝多芬、巴赫，他这样写黑格尔："最伟大的交响乐的风度翩翩的指挥。谱写这部交响乐的作曲家则是上帝本人。"尼采则"青春期大绽放。他的哲学完全是这种绽放的表现"。至于贝多芬，因为"上帝没有心"，"贝多芬为上帝……构思、设计、制造了一颗。"而巴赫乃是"古老神话中的一个魔法师，通常把人类不是变成动物，而是幻化为大教堂"。凡此种种，堪称神来之笔。

纵观这本集子的近两千则箴言，作为"创造性存在"的人及其精神自由可以说是布拉加着笔最多的中心话题。在他看来，大自然中一切浑然无别，一切皆是必然；一切皆美，一切皆有定。人作为创造性存在不可战胜地延续着，除其自身之外别无其他原因或目的，除其本性的规律之外别无其他规律，除其自身的永恒性之外别无其他产物。上帝并不存在,创造世界的不是上帝,而是人。同一片大地既有幸福的伊甸园,又有灾难的火山。一切皆取决于人的作为。布拉加写道:"大自然没有按照其模式完成自己创造的唯一生物看来是人……所以人创造历史,旨在用自己的力量来完成自己的塑造。"或者说"人的唯一目的是创造。只有这个目的才能同样赋予手段以神圣性"。具有创造性的人"比任何人更喜欢把自己的劳动看作一种荣誉"。所以,创造性的存在问题是他"常常感到困惑而需要谈论的成千个话题中的重中之重"。在任何人都不可能把握"绝对真理"的现实条件下,"个人的创作自由不仅是一种权利,而且是一种固有状态。这种状态固着于形而上,是根本不能废止的"。他的全部哲学和文学创作"归根结蒂是作为创造性存在和个人自由的至高合理性的学说出现的"。

"生命呼吸氧气,天才呼吸自由",这是布拉加的信念。所以,他认为"'创造性的存在'与人禁锢于教条是水火不相容的"。人必须从教条中"解放"出来,否则就成不了"创造性的存在"。遗憾的是,他无比热爱的祖国在二十世纪后半叶的相当长的一段时间里,不但存在"试图把某种学说固定在人们意识中"的教条主义,而且被"试图把某种学说的独家注释固定在人们意识中"的极端教条主义统治着。尽管他大声疾呼"人以教条为食,教条则吃人",却最终还是被张开血盆大口的教条无情地吞噬。

两次世界大战期间的罗马尼亚曾涌现出一批富有才华的知识分子,布拉加的同辈中不乏成为世界级学者和文艺家的人物,例如一九四五年后移居巴黎的东方学家、宗教哲学家和作家米尔恰·埃利亚德、荒诞派戏剧鼻祖欧根·尤涅斯库、雕塑大师康斯坦丁·布朗库西等。其实,布拉加早在一九四六年就受到批判和围攻,但他抱着"永恒诞生于乡土"的信念,始终坚守这片故土。随着一九四七年东欧从战后初期多党联合政权转向一党独大的党-国体制,以及激烈的清党运动的展开,布拉加最终逃脱不了成为政治牺牲品的命运。一九四八年,在据说他拒不接受作为执政党外围组织的全国人民党(PNP)的领导职务的借口下,被从罗马尼亚科学院和克卢日大学扫地出门,并被剥夺了研究、教学和发表任何著作的权利。但宁折不弯的他,并未因此而屈服,在极其困难的条件下继续写作,创作了近千则箴言、组诗《岁月之歌与记事》和具有自传色彩的长篇小说《冥河上的卡隆渡舟》,存放入自己的"抽屉"。他的不幸遭遇,激起包括他的国外友人在内的广泛同情。一九五六年,在埃利亚德的倡议下,法国的几位文艺评论家提名布拉加为诺贝尔文学奖候选者。一九六一年,布拉加在孤寂中带着遗憾含冤离开人世时,埃利亚德在法国发表了题为《卢齐安·布拉加的沉默》的激情悼文,其惺惺相惜之情溢于言表。

布拉加曾经说:"创作是我们的悲剧的唯一微笑。"它"能够补偿一切痛苦"。而自由意识"是特别适合于我们的'创造性存在'的本质因素"。所以,他毕生守望着精神自由,在临终前两年写下了关于存放入抽屉的文稿的"出版遗言"。他在这个时期所写的一则箴言中依然满怀希望地说:"我还年轻,而且想永远年轻,因为我还有未来,因为我的真正的未来将在我'身后'到来。"

一语成谶,或可以说他的预言而今终于应验。

历史是公正的,尽管或有太多、太沉重的苦难和曲折。

红日篇

箴言　构建箴言，须千锤百炼，杜绝废话。箴言乃完美的信条，犹如《圣经》。

*

讲哲学　讲哲学即是以超常的深思熟虑的方式回答即使是孩子们提出的问题。

*

伟大的传说　周围世界，整个世界乃是一个完全超乎想象却正在得到证实的传说。

*

精神的地位　每个人使用的词汇或多或少是受**意识**支配的石子。句法却是**下意识之物**。在存在的分层中，精神介乎词汇与句法之间：它支配词汇，却受句法支配。

*

认识你自己　说得好，但在生活中不能等到认识你自己才开始行动。否则，无论什么人，这种愿望很可能变成墓志铭。

*

来自神话的铭文　古希腊神话中的"飞马"珀伽索斯落脚的马厩前楣上写着："穿踢马刺靴者禁骑。"

*

区别　雨滴为花朵润色，却不能孕育花朵。

＊

根与子午线　根把你与某一片土地连结在一起,又间接而不可避免地把你与某一条天球子午线相连。

＊

自尊的镜子　"保持平静",乃是不想背叛自己使命的任何一面镜子的座右铭。

＊

智者的机会　确实,有时形象有着说服人的力量,而机缘显然在招手卖俏。我们把这种环境看作智者最少疑问的机会之一。

＊

伦理的魅力　遵循某些精神原则生活,无需给人以*自觉*这样做的印象,就能为人平添一分高尚。

＊

除了他自己,没有任何人和任何东西能够打败上帝①　这条拉丁文古训看来也适用于我们原始的欲望领域。除了它们本身的力量……还有其他的力量,没有任何东西能够驯服贪欲。

＊

不可相提并论　"胚胎"并不比"生成物"更混沌。胚胎与混沌不可相提并论。

---

① 原文为拉丁语。

*

甘于平凡① 任何一粒沙子都自信是砾石的种子……无需运气。

*

最佳条件 **近观**自己的行动使我们觉得责任比应该肩负的重。更经常的**远观**,却使我们觉得责任比应该肩负的轻。这是一种实际心理—道德状态的表现,但什么样的心态是最佳条件,使人能够普遍**实现自我**,而不因自己是一个伦理的存在而感到绝望。

*

天赋的悖论 语言的贫乏也许是一种天生状态。在这种天赋状态下,儿童和原始人尽管貌似平庸,却常常闪现出天才的隐喻火花。

*

论用语 任何一个时代的用语同这个时代的实际存在本身并无联系。用语永远是遗物,亦即一个已经僵死的存在的意外表现。

*

幼稚的标准 哲学不能永远保证为五花八门的问题提供答案,对这种确实非常现实和显而易见的状况感到沮丧的人,还在患哲学**幼稚病**。

*

我们与空间 在一个产生回声的空间里,你感到比在声音不回头地消失的空间里少一点孤独。

---

① 原文为拉丁语。

＊

信任　"信任"是一首赞美诗。

＊

传染　人类历史开始后,古希腊神话中黄金时代的国王克洛诺斯也变成了唯物主义者。他用锉刀锉平金币边齿。这是他征收的捐税。

＊

形象与服装　希腊神话中的半人半马怪兽穿上古罗马无袖长袍,显然很不相配。《浮士德》中的恶魔靡菲斯特穿上燕尾服却是绝配!

＊

无解的苦思　在当代绝大多数有价值的思想家心中,形而上学的苦思变成一个自在的目的。他们沉迷于这种躁动之中,每个人以自己的方式滋养它。但在创作和形而上学观点中找不到解答的这种苦思,不是思想的无能,就是精神的倒错。

＊

不能引以为自豪的严厉性　手握评价诗歌和文学的最严厉标准的是上帝。据上帝之见,诗歌和文学本质上就是一种罪恶。

依据这种神圣的简单信条,凡是把彻底否定的评价标准应用于评价对象的人,也都有罪。

＊

论批评　分析艺术作品的内容和形式,阐释其优缺点,无非是在做"**批评**"的准备活动,或者是在它的外围漫游。"**批评**"的关键一步,乃是在暂时忘记所研究的作品之后,渴求从另一个视角,亦即完全依凭顿悟来重新审视这个作品。在"**批评**"所担负的任务中加入某种多视角的整体的高级思考。曲线及其属于几何领域的可视的曲折形状，通过其具体的完全袒露特性来展示艺术作品，它将借助我们的清醒头脑可以领会的代数来抽象地表达并进行重构。

✻

实话　"精神是物质的'产物'"，坚持此说的人其实是要我们相信一个奇迹。

✻

论伤感　伤感是逻辑学的一个"演绎大师"。确实，它所找到的否定伤感存在的论据比肯定其存在的论据具有更大的合理性。如果不是我们这些健康人由于具备对抗病毒入侵的荷尔蒙免疫力而加以抵制，那么伤感的论证很可能把所有人变成"**一切皆空**"的信徒。我们的逻辑学走出伤感之争是何等乏力！我们反对某些"论据"，仅仅是……因为精力过剩！

✻

不育的幽灵　魔鬼永远想懂得更多，不因任何经验而退缩。他的过度的求知欲是因严重缺乏良知所致。他若去做园丁，也许会用灰烬来代替花粉培育花朵。

✻

童话与技术　童话起源远古，有几千年的古老历史。但其中包含着以寓言的形式展现的完整的现代技术的蓝图。自文艺复兴至今，科学所做到的无非是不断增多巧夺天工的手段，变童话为现实。

*

警示 "人工实验"是一句同义反复的套话。任何种类的实验主义如果明白这一点,该有多好!

*

自由的意识 一个犹疑不决的人每走一步都碰到抉择的难题,也就是说处于看到自己确实是"*自由*"人的状态。一个决心已定的人则可免受这等困扰。

*

道德 根据几何学①,我们,现代人,只理解无限直线。任何一个圆在我们看来都是……一种恶性循环。

*

荷尔蒙抒情诗 假若真诚的、直白的和激情洋溢的抒情诗是真正的诗歌,那么鹿在秋天发情时的鸣叫,或使所有的诗集变得多余。

*

充当诺亚方舟的婚姻 任何一个结婚的青年,不管他或者是她,也许都应该带着这样的信念进入婚礼:在整个人类中,只有他们的后代注定将继续生活在地球上……永生永世。

*

伪装背后的预报 秋天通常在天空比平日更蓝的灿烂盛夏的某一个早晨宣告降临。

---

① 原文为拉丁语。

*

论智慧 就其本性而言，智慧喜欢无休止争论的亢奋。得到证明的事情令它厌恶。在得到证明的事情面前，智慧不仅觉得无用武之地，而且感到失落了自己的本性。

*

无害的评论 据说某地五千人仅用两个面包和五条鱼就填饱了肚子。

所以，不仅存在虔信的灵魂，而且还有虔信的肠胃。

*

白昼，究竟是什么？ 太阳用来掩盖自身黑斑的充沛的光。

*

多么可悲！ 据说螺旋体病原菌催生天才。我们不清楚。假若果真如此，那将是细菌感到舒适，人类感到恶化的环境。

*

存在主义的狂热 存在主义者给我的印象是一些健康人正在人为地制造狂热病。他们的狂热没有丝毫好处，也无益于消灭某种疾病。何况，据了解，存在主义者没有亟须根治的任何毛病。

*

任何一个"i"字母上的那一个点 爱国主义诗歌不是美学的篇章，而是战争工业的传声筒。

＊

捆绑与松绑　一种哲学学说即是对听众发出坚持不懈的永恒邀请,召唤他们对它提出的原理宣誓效忠。它想"捆住"听众。但真正抓得住人的,惟有自身也包含能为你"松绑"的若干原理,帮你解脱这类并非完全自愿的效忠誓言的学说。

＊

恶意　在一个心怀恶意的旁观者眼里,乌贼鱼的本意是要把海洋变成墨水缸。但乌贼喝醉了,除了进行可能的自卫,没有沾染其他罪恶。

＊

躁动的野心家　在瞬息万变或者天翻地覆的时代,只有跻身公共生活前沿的人才看到机会。他们通常也是昨天跻身其间的同一批人。他们这些人不放过任何机会露脸,不能容忍哪怕是片刻处于阴影或者即使半阴影中的想法。这类人譬如说出现在葬礼上,也会嫉妒死者的寡妇,因为跟在灵车后面的第一个人是她,而不是他。

＊

期望　人是动物的乌托邦。

＊

兽性与灵性　狼嗜血。这是铁律。

＊

心理学　我始终觉得,心灵的自我分析正在以某种方式导致心灵的自我毁灭。极而言之,具有隐蔽的自杀倾向的人爱好自我分析。

*

真诚　一旦过度的真诚被视为一种罕见的美德,粗暴也就为自己找到了美德的面具和道德的遁词。

*

被占领的虚无　从外面看,虚无是空洞和寂静本身。但我们若有可能漫步其间,在里面挤得毫无空隙的神灵们,就会跳到我们面前,围绕我们的脚步窜动,犹如我们走进荒草丛中,蚂蚱乱跳一般。

*

论悖论　人们已经找到把人类语言的某些缺陷和无能变成美德的手段:普遍悖论。

*

评注　由于童年的本真,从一个孩子的相貌中只能解读很少的东西。相反,从一个毕生玩弄隐瞒、伪装、闪躲把戏的老人的相貌中,可以解读海量信息。

*

回忆的用处　我们在生活中感受的幸福,永远只像花蕾。花蕾只在回忆中完全绽放。回忆是已逝幸福的温床。

*

"无",一个保证　精神通过"在"来反映或者思考存在、事物、一切。但这个特点没有表达精神固有的无可估量的潜能。只有在精神通过"在"来思考"无"时,它的高度潜能才惊人地得到证明,变成一种显性的实在。如若精神局限于对"存在"的思考,也许在某种程度上可以用一面镜子取而代之；但是，只要精神思考"无"，它就不可能是他物，而是本色的自身：精神。

*

切勿混淆　海豚特别欢快地从水中跃起，在海面上做着名副其实的游戏。为什么？为了向各大洲的所有人证明，它们不是鱼。

*

精神的象征　两块石头相撞产生的不是石头，而是火花。

*

不情愿的同化　死缠你不放的对手变成你的一部分。

*

奥利金的后悔　早期希腊教会的大神学家奥利金出于宗教狂热而自阉。据说不久就后悔了。后悔的原因只可能是一个：奥利金必定发觉，自阉之后，他的宗教狂热烈度本身有所减弱。奥利金遭遇了精神悲剧，缘于不懂得激奋肉体的精液也有激奋精神之效。

*

乌托邦　如果天使把自己的头像铸在钱币上，钱币就会慷慨地从一个钱袋飞进另一个钱袋。

*

同谋　主教朝火炭啐一口吐沫，随即冒出香气。
在圣像供桌旁侍奉的一个可怜的花匠，也相信这是真事。

＊

道德实体与气质　我们肌肉是一个波动的实体，而我们的骨骼代表能够消瘦的界限。

我们的道德实体同样是波动的，而气质代表我们作为伦理的存在能够下滑的界限。

＊

语言天赋　众所周知，我们的语言只有很少的"复合"词。复合词在某种程度上与罗马尼亚语的气质相悖。其他语言则以无穷尽的复合的可能性著称，比如说希腊语或者德语。罗马尼亚语只在例外情况下容忍复合词，用来指称某些因奇怪的特点而令人吃惊的现象和事物：碎石，弯木，无所事事者……我们的语言天赋也许更多地把自身看作大自然的圣像，所以用并非天然优先形成的复合词来指称违背大自然的，亦即超自然的、不自然的、反自然的人或事。

＊

大自然不出尔反尔　即使是在笔直的道路上，蛇也只能蜿蜒而行。

＊

前提　上帝如果是浪漫派，很可能会创造其他的神。可惜他是一个传统派，所以创造了世界。

＊

实用主义　美语中，"知"是动词"做"的不定式。大洋彼岸的人有多么不规则的动词！

※

不可摧毁的盾牌　地壳全部都是由伤疤构成。

※

没有一句话是不死的　一句聪明话不论多么辉煌,也有自己的坟墓……那就是在傻瓜的耳朵里。

※

数学的局限　数学对于机器构成伟大的力量,对于人则另作别论。

※

幻想的亲密关系　啊,你不知道吗?不知道我们国家与新西兰之间有着最密切和直接的关系?新西兰人是我们的——我们*独有的*对极兄弟。我多么想一见有着如此亲密的对踵关系的这个美人!将我们连在一起的直线穿过地心……而且正在燃烧!

※

熔岩与大理石　在一块块熔岩或者大理石上雕凿石像,产生不了对艺术作品应有热爱的效果。

※

旁注　据一些思想家之见,科学规律只是作为人的主观公式而存在,旨在控制即制造或消除自然现象。若是一切仅止于此,至少使人觉得奇怪的是,规律在其中完全符合现象本身实现的领域是天文空间、星体之间的运动和关系的领域,亦即人不指望有一天能够在真正意义上控制的领域。这不啻是大自然对这些思想家高见的讽刺。

※

绞杀泉水的刽子手　泉水一旦出现危险,不能堵,而须疏。一个试图绞杀泉水的刽子手必定是疯人病院的候诊者。

※

诗人　诗人既不是一个耍笔杆子的,也不是文字的运用者。他使文字跃出自然状态,进入真善美。

※

出乎意料的奴役　风觉察被卷进了一架风磨的翼片,不禁伤心地叹息。它变得……有用!

※

为黑暗昭雪　黑暗王国的公民不仅不是恶之灵,而且是灵之泉。

※

数学中的亲等　数字1是2的父亲还是哥哥?

※

步随帕斯卡　一件精致的饰物可能被一个几何天才只是间接地借助十分复杂的途径来理解。另一方面,一个制作精致饰物的天才把一件普通物品或者几何图形理解为只是精致饰物的"临界"极限。它同样也含有一种非常复杂的技艺。由此可见,"简单"与"复杂"从来不是事物的内在属性。

※

哲学中的隐喻　任何形而上学,不论自身多么复杂、关系错综和特殊，作为一种学说，无非*隐喻*"某种东西"。我们必须如此理解任何形而上学！一般说，哲学即使有其他的期望和意图，也只是借助*隐喻*表达。

*

规律与例外　在某处读到一个评论，认为例外强化规则之说荒唐无稽。不，并不荒唐无稽！譬如说，物理学的基本规律——守恒律。根据现实的或者可能的实验，这条规律从来没有在任何地方和任何时候一丝不苟地完全实现，因为在任何地方和任何时候都不会产生一个通过外力推动而进入运动的物体与自身等速的直线无限运动。这里，我们面对的是一条从实验的层面看绝对由例外来强化的规律。因此，我们面对的是一条从实验的层面来看必须由例外来强化的规律，也就是拉丁成语所说的"*有待证明之题*" ①。

*

小小的诡计　突出赞誉一位诗人作品形式完美无瑕，等于说："这个作者对待读者完全虚情假意。"

*

自身功效　也许有人相信一座山上的金矿脉是死亡、积累和固化在石头基质中的闪电。

当然，实验戳穿了这样的神话。但任何称得上神话的东西，都具有原子的特性：其周围积淀着一个完整的可能世界，也就是说一个有其*自身*功效的世界。

---

① 原文为拉丁语。

＊

特殊用途的神话 我们,男人和女人之间的爱,必定会创造出一个具有大家熟知的特殊功用的完整神话,而且用一种只有两个相爱的人懂得的童真语言表达出来。随后又创造出一套仪式。通过所有这一切,爱独自筑起小巢,离群索居,避开一切人间纷扰。

＊

因理解而使道德受到破坏 尽人皆知,一个人的罪孽和恶行因我们开始理解而得到原谅。不幸的是,同样的情况也发生在对待一个人的功绩和美德上:一旦我们开始理解,它们立即蒸发,化为泡影。

＊

论艺术中的趣味 原始人在艺术中表现出令人震惊的高尚趣味。但他们的趣味是难以用言语表达的,而且很容易被侵蚀。相反,现代的文明人一般趣味低俗,却有着难以相信的抵抗力。

＊

地图没有告诉我们的奥秘 任何一处废墟下都流淌着一条哀怨的河。

＊

令人尴尬的免责 美学作为灵感的学说,一贯宣称诗人对自己的作品免责,正如诸多宪法宣称君主免责一样。这种境况令诗人和君主同样感到尴尬。

＊

祝福 对某个人能够表达的最美好又是最合乎情理的祝福是:

"祝愿你到达希望之乡。那是你的心愿。"

*

尼禄与梦　生活中敢于幻想的人，很少做梦或者根本没有梦。据说罗马皇帝尼禄从来不做梦。

*

空白点　科学家们即使有不同见解并进行争论，也彼此取长补短。但哲学家们恨不得把对手生吞活剥，一口吃掉被打倒在地的对手。哲学是世界地图上地域性的食人陋习没有废除而且也永远不会废除的唯一空白点。

*

有条件的共鸣　任何明智的话都显得平淡和简洁。只有在我们内心的琴弦崩裂之时才听见歌声。

*

语言的发生　何时开始有人类语言？
万物丧失上帝给予的名称之时。

*

希望　庸人希望改变现状，梦想超越自己的境遇，变成另一种人。他的基本信条必定是揪着自己头发上天。
　　天才只希望尽可能多地站在他的智商爆发的最高点上，犹如上帝想成为三位一体中的圣灵。

*

一场场攻势的效果　根据他的敌人的非常狭隘的看法，一个显要一旦孤立，就不再是"要人"。所以，射向一个非凡人物的箭，首先对准他的支持者们。支持者们落马，乃是一场攻势的目的！确实，一场场攻势的最终结果通常只是大批支持者倒下。

※

应该遵循的方法　谈到部分像经过火烧的树叶和果树，老百姓说是"遭雷劈"。这种畸变必定是起因于一些非常普通的微型野生菌。老百姓喜欢用天谴——神圣的闪电干预来解释畸变和厄运。

※

与自己的距离　对自己的观点不保持一定距离的思想家，给我的印象是他们的头脑很快就会被一成不变的观点控制，而不是富有思想的人。

※

博物馆　博物馆是以"保存"的形式提供的文化。

※

韵脚的奥秘　韵脚只有在它们有必要运用时才有作用。在押韵的作品中，要使人不觉得是纯粹的廉价的人为游戏，最好懂得这样的规则：在两个押韵的词之间，最重要和最基本的词在诗句中排在第二的位子。十分自然的是在押韵的两个词之间，第一个词应是呼唤，第二个词是回应；但第二个词的分量之重势必使我们忘记它是一个简单的回应。

※

人的起源　一头动物一旦与它生长的环境彻底断裂，唯一的拯救机会是变成人。但这个童话只有一次成功机会。

＊

《圣经》上一句话的附言　歌德逝世后五个月,一个德国评论家终于轻松地长舒一口气说:即使古希腊的奥林匹克竞技被取缔,退出希腊人的生活,也只延宕了这么几个月的时间,随后就再也没有人提起它!

一个人一旦成功地成为他的国家先知,对他的崇拜和赞美之情犹如一道光圈,深不见底。

＊

导数的优越性　我们在印度哲学中也发现这个奇迹:评论常常比原著更有才华。

＊

生活与小说　任何人的生活都不是小说。不管是什么人,我们的生活是由小说的无数正切线构成的。

＊

陶醉　在动物园里参观给我们一种内在的陶醉。这毫不足怪,因为任何一个动物园都是人与他们的祖先的相会处。

＊

经验与观念　任何创造性思想无不由经验"提供",但同样的经验也导致思想固有的完全展开自身的能量消耗殆尽。因此,任何创造性思想都从不考虑自己的最后结果。

＊

单向的漩涡　研读哲学史的人最后仿佛身陷漩涡。而这个漩涡正在奔向**深渊**。

✳

儿童，提问的功能　儿童是问题的化身。提问对于儿童是一个生存的维度，使他们因而得到充实的一个基本结构。所以，儿童不待回答，多次"提问"；所以，另一方面，只有不阻断他提问的答案才使他满意。

✳

怀疑主义者的愤怒　我们的思想一旦产生，期望我们为它们而死。

这样的要求似乎过分，不是吗？

✳

对立面　文学中存在神童的对立面：只写回忆录的作者。

✳

悲壮的机会　人只有唯一的一个机会来接触事实真相：不是借助感觉、观念，也不是借助假设、理论，而是通过提出"问题"，亦即通过解开奥秘。所以，这看来注定成为整个哲学的支撑点①。

✳

世界之王　历史把"伟大的"、"勇敢的"、"善良的"等等溢美称号只赋予皇帝和国王们。只赋予他们吗？不，有一个时期这类称号也加到哲学家头上："伟大的"，"不可战胜的"，"天使般的"等等。也许，在大思想家们面前，人们感觉到他们是假定的君王：世界

---

① 原文为拉丁语。

之王。

※

阿西西的圣方济各的一个笑话 我们的"月亮"妹妹和其他所有的星星赴约从不迟到,不论是同我们的约会还是她们自己的约会。她们很可能天生没有一点女人的架子。

※

苏格拉底与悍妻克珊蒂帕 苏格拉底照例准备出门去广场同亚西比德会面。此时,克珊蒂帕正在灶边纺线。

"又要去城里像二流子一样闲逛?"

"人人都在尽力纺线,"苏格拉底回答说,"但纺织女神帕珊勒纺线与普通女人克珊蒂帕或者一只公猫纺线是不一样的。"

"你不是女人,"克珊蒂帕说道,"所以,像一只无赖的公猫一样纺线。"

"我不是公猫,"苏格拉底反驳道,"所以,我像命运三女神帕尔斯一样纺线。"

※

感染 在一个真正的哲学家面前,宇宙也感染智慧。这个现象是那么奇妙,犹如一个坏苹果只是因为放在一个完整的健康苹果旁边,就会康复。

※

黑格尔 最伟大的交响乐的风度翩翩的指挥。谱写这部交响乐的作曲家则是上帝本人。

✳

第一个国家　远古先民们陷入罪恶之前,天堂是上帝唯一的殖民地。由于它的公民们的堕落,天堂很快变成一个独立的国家。遗憾的是这个国家的历史是那么短。

✳

十字路口　任何一种伟大的新哲学无不或明或暗地包含一个使命:教化人回归当时看来已经失落的真正天职。因此,任何一个可尊敬的哲学家不论是否明说,都把历史分为两大部分:从创始到他之前,从他直至世界末日。任何哲学都鼓吹自己处于人类时代的重大十字路口。唯有如此才能把握哲学的本质,别无他途。

✳

硕果累累的休息　任何人的天才一旦付诸应用,随后须略加休息,这很值得提倡:这样的休息仿佛丝毫也没有脱离应用。这个过程是为天生才能真实性申辩的一个征象。因为,通过停止应用,习得的而非天生的一切被迫减弱,而不是强化。

✳

宇宙之重　一则箴言只是一小粒贵金属,却重似世界。

✳

不可避免的余物　在水源与大海之间那样广阔的空间里,不可能没有一个漩涡!

✳

免疫力　希腊人的最高雅的抒情诗人品达罗斯,在一个著名的寺院召来五十个年轻的新妓女时,写了一首颂歌。今天还有谁,或者过去曾经有谁对品达罗斯横加指责?

*

自己家里的敌人 我们的意识永远不随声附和我们,但好歹是我们的**朋友**。相反,我们的潜意识每每表现得仿佛同我们的敌人签有同盟条约。

*

一个神话的构思 一个牧羊人拒绝了水仙女的爱。于是,水仙女纵身跳进他的炉灶,化为火炭。

*

提示 有些诗必须缓缓地念,间或停顿,仿佛是在解开它们的密码,因为它们似乎是用象形文字或者使用方式尚未融入你血液的其他文字写成的。

*

深度与常识感 对于肤浅、平庸、粗俗的常识感来说,一个深刻事物的任何表达形式都被看作足以引起哄笑的漫画。一件哥特式的高雅艺术品在庸人眼里只不过是一幅漫画。

*

作为范例的利己主义 "爱你的亲人若己。"奇怪:在这条利他主义的戒律中,利己主义被推崇为应该遵循的范例,既是模式又是衡量的尺度。

*

大海与百川　大海起初拒绝接纳百川,后来犹豫再三,只是勉强做出让步。百川的水被限制在大海的表面和四围。

只有我们这些天真的傻子,才混淆视听,说海洋有容乃大,绝对乐于容纳一切!

*

同谚语论战　"人杰造圣地",而不是地灵造圣人。谚语如此说。但神学家们甚至同谚语开战,表达异见,因为他们的整个宇宙体系建立在地高于人的信仰上。

*

生活与戏剧　戏剧是*机器构造的神*①。生活是神构造的机器②。

*

是否这样?　没有任何事情会比我们临死的样子更让我们丢脸。这也许是我们对活着的人的看法总是有许多保留的原因之一。

*

我是最自由的信徒　我从来只赋予自己的形而上学理论以尝试、探索、预想、构思的性质,无论如何不是教条。我的抱负是成为这些理论的最自由的信徒。

*

交易所的恐惧　时时有一个天才发疯死去,就足以使交易所在

---

①② 原文为拉丁语。

一段时间里不复有正常报价的交易。

*

一个定义　没有哪种文学体裁不要求比"谜语"更长和更复杂的定义。为了避免这个话题再惹人烦恼，我们提出一个省事的定义："谜语是最终冠名的字块。"

*

尽责还是冒险？　有人说："打水的泥罐许多次进入河里，只是有一次碎了！"

"我至少是在履行自己的职责时碎的，"泥罐回答说，"虽然您好像认为我进入河里是在冒险。"

*

勋章　勋章的背面不是头像的反面。

*

论女人与阅读　女人只读配她们胃口的东西。除了记录在她们形体结构上的东西之外，不学任何东西。除了她们正在想的事情，没有任何东西能促使她们进行思考。除了她们真实感觉到的事情，没有任何东西能迫使她们有其他感受。否则，她们感到自己受到了伤害。

瞧啊，维纳斯女神躺在叶绿素的地毯上。一只大蝴蝶飞过来，停在她的手上。转眼间，蝴蝶收拢翅膀，在她眼皮下化为一本书。维纳斯女神想解读蝴蝶翅膀上的符号。这是她的唯一读物。

*

等值　我命令自己的手臂上举，手臂便举了起来。这是一个奇迹，丝毫也不比出现在先知眼前的高山奇迹逊色。

*

人与动物　人被看作动物,我们觉得形象说不出有多么丑陋。在这样的处境下,我们找到了最大的安慰:这是一个征象,说明人在本质上是沿着与动物性完全不同的路径进化的。

*

论谚语　谚语传达在世界骚动中遭受这样或那样**苦难**的人的智慧。谚语是有过苦难经历的人的智慧,而不是只有看客一般冷眼旁观世界经验者的智慧。

*

眼高手低　人期望得到比自己的现状更多的东西。所以,在地球上,食神比食人无可比拟地更加流行。

*

头顶神庙的女神　头顶上的重压看来好像会把她们压垮,却不仅没有使她们变丑,反而借给了她们一个能动和高贵的支撑轴,使她们形象更加完美,平添一分妩媚。凝视着头顶神庙的女神雕柱的压不弯的线条,或者头顶水罐的南方女人无比婀娜的步态,觉得那仿佛是一首歌,她们头顶的重量要求双胯柔韧的回应和圆柱的感恩的回报。

*

作者与世界　所有的科学家共同构成一个**独特**世界的作者。够得上哲学家称号的每一个人是**属于他的**一个单数**世界**的作者。诗人则是**复数世界**的作者,因为每一首诗可以成为一个自为的世界。

＊

哦，时代不同！ 对于今天的一个运动员来说，脱帽致敬是一个简单的体操练习。

对于一个中世纪人来说，在某个人面前脱帽意味着："我解除了武装，是命中注定的，你可以砍我的头！"

＊

慎独 北极星并非处于*可见*天穹的中心，在它周围却转动着黄道十二宫众星。

＊

悲剧与活剧 陨落的星星无论如何不可能返回它们坠落的原点。这件事情对于蜘蛛来说完全不可理解：它坠落之时，身后有一条看不见的丝线，仿佛一座空中桥梁，可以在上面随心所欲地来回行走。

＊

多余和笨拙 一幅人物画应该自动地，即由画面本身及其氛围传达所画人物的说话。一出话剧中则相反，必须借助人物的说话来烘托剧情和氛围。所以，正如一出话剧中过多的舞台提示既多余又笨拙，一些中世纪绘画从人物的嘴里拉出一条条长长的烟云，配上文字来提示他们的道白，纯属画蛇添足，令人啼笑皆非。

＊

广告天才 蚊子围绕麦克风飞舞，它们飞行的嗡嗡声响彻天地，仿佛号称飞行堡垒的轰炸机飞临上空。

✠

开放的问题　自然现象每一步都为我们提供理解其他现象的征兆，尽管后者同前者没有任何实际的联系。这如何可能？

将来解决这个问题的人会告诉我们——尽可能从人的角度——关于自然以及精神的最终奥秘。

✠

时间与精神　在具有高度精神天赋的人身上，我常常发现这种精神天赋在青年时代有着苍白、粗糙、僵化的节点和侧面，柔韧性极弱。随着人们年龄增长，他们的精神越来越富有弹性和热忱，呈现一种更加有机的面貌。也许可以说，对于精神而言，时间是越来越激发青春活力的一个维度。

✠

读诗时间　诗不是一天中的任何时间都可以读的。我们的感情只在午后的某个时刻才对诗有完全的共鸣。这种感情有着自己的节律，犹如血液的一天温度。一个评论家如果在早晨六点读你写的诗，那你就倒霉定了。

✠

布伦库希①　雕塑家布伦库希试图把最后的形状和线条化为一只鸟，创造一种奇妙的迷醉神力。同样是这位雕塑家，雕凿和镂刻一个蛋，全神贯注于基本形状问题，却最终实现了自我超越，塑造了一个宇宙之蛋，令人回想起莫名的俄耳甫斯的神学和宇宙起源。他借助谁

---

① 康斯坦丁·布朗库西（1876—1957），罗裔雕塑家，被誉为20世纪艺术先锋人物。1902年离开罗马尼亚，1904年定居巴黎。

的艺术作品成功地超越本意？借助整个宇宙，在作者不知不觉中。

*

不敬　人的要求或需要无不容忍或者助长职业习性。这符合功能创造器官的规律。但把宗教变成职业领域，则意味着对它的对象的大不敬。

*

今天的寓言，永恒的寓意　猫轻蔑地看着火神以利亚和发电厂。它高傲地说："所有这些算得了什么？我从自己的毛皮里就能擦出火花！"

*

和平与战争　在和平时期，相悖的意识形态朝敌对方向发展。在战争时期，相悖的意识形态走向某种相互渗透，其中原因在于每一方都想在对方的思想中发现威力强大的武器。

*

外交小议　外交永远注重无数细节。只有习惯黑白两分思维尤其是行动的军人，才以为两个国家之间有可能**真正**断绝外交关系。

*

杰出天才的失败　一个杰出的天才在自己擅长的领域里失败，不论原因如何，总是带有悲剧的色彩，犹如一头善于翱翔的雄鹰突然离奇地意外陨落，从一棵树枝上坠地而死。

*

道德视野下的空间　在道德视野下，空白的纯空间变成绝对宽容的化身：它容纳一切。

*

传说的对话　一个孩子问我："在坟墓里吞噬我们的蛆虫也结茧吗？"

稍作犹豫后，我答道："看情况吧！"

*

语言学的沙文主义　一个专业的、或许身为教授的语言学沙文主义者指出，在罗马尼亚语中，"刺耳音"本身就是刺耳的，在希腊语中有时并非如此。千真万确是这样。只不过这个语言学家因此而得出结论说，罗马尼亚语比希腊语更美，因为罗马尼亚语分辨清了希腊语含混之处。

*

形而上学　形而上学是精神空间的投影几何。

*

时代　宽容的时代只容忍宽容的意识形态，却不能容忍偏执的意识形态。换句话说，不存在宽容时代和不宽容时代，只存在因时制宜时代。

*

新闻业的起源　欧洲何时开始新闻事业？

路德把墨水瓶扔向魔鬼之时。

※

创世前夜　"从*虚空中产生不了任何东西*"①，乃是上帝着手创世时面对的唯一不可逾越的定律。上帝从未着手做过如此没有把握的任何事情。

※

突显的不相容性　用数学来表达，一尊雕像可以这样定义：一尊雕像是一大块大理石减去凿子清除的所有碎石和尘埃。就数学的角度而言，这个定义准确完美。但它突显出数学与艺术之间的无可弥补的不相容性。

※

奥秘的期限　若存在各种奥秘的实际期限，智慧在某个时刻或许将变成应该蔑视的奢侈品。

※

"*自我是令人厌恶的*"②　在我们每个人的心中居住着一个"**教皇**"，即自以为是世界中心的主体。

※

最怪异的会面　若我们听见自己的嗓音像别人听见它一样，或许会觉得十分怪异。在留声机里听到自己的声音，我们一般不能辨别。我们的灵魂难道不也是如此吗？若我们有可能同它"会面"，我们的灵魂或许会使我们感到如此怪异，甚至不会停步瞧它一眼。

---

① 原文为拉丁语。
② 原文为法语。

*

共谋者　任何制度化宗教都把上帝视为自己的一个共谋者。

*

我们与各种力量　比我们强大的力量：能用星星的眼睛看我们该有多么好啊！在星光下，我们，地上的人们，没有影子。

*

赞赏的方式　赞赏一个诗人意味着接受他的作品。赞赏一个思想家却并不意味着接受他的思想。

*

空气与历史　有两个实在，我们感觉不到它们的广袤和压倒一切的分量，但离了它们我们就不能活：空气和历史。

*

风格的标准　溢出一件艺术作品的繁琐美，并非像一般认为的那样是无害的或者中性的。相反，它们正在变成创作的消极的、破坏性的、敌对的因素，犹如一个机体中的癌细胞。

*

不要问！　不要问一个诗人有什么职业。这不啻侮辱他，正如问太阳和月亮是干什么的一样。

*

作为开始的疑惑　古人也知道哲学始于疑惑。但更准确地说，哲学始于对最习以为常的事物的疑惑，而不是对不寻常的事物的疑惑。

*

沙粒 一个疯狂的科学家把藏着他发现的一粒沙子的神秘的金盒当作至宝。如若你问他盒子里有什么，他回答说："上帝没有数过的沙粒。"

*

寓言 接近采摘水果的季节，虫子是性急的园丁的帮手。

*

怎么办？ 我们的激情和意志为所欲为。我们的激情和意志在神的庇护下有产生第二种能力的功效，虽然除了利用我们的激情和意志，神别无其他手段。

*

莎士比亚 在莎士比亚的戏剧中，才华的压倒优势的贡献无不是疯子们做出的。一旦剧本的主线有陷入平淡的危险，疯子立马出现。观众一下子变成神明！

*

生活与象征 切勿按照象征来观察你们的生活！有那么多的基督徒设想自己的一生是走向神圣的坟墓的一场漫长和艰难的朝圣。所有这些人都死于看见自己的墓前四十八小时，无一例外。多么可悲的命运！多么荒诞的命运！

*

一贯性与三段论 思考一种观念直至最后结果，这意味着充满智慧地避免三段论。否则，真正富有成效的结果也许根本不会出现。

※

大自然的冷漠　在一场世界性灾难中，土星压根儿不会有给我们抛救生圈的念头。

※

论长寿　长寿是一种体质，自有其规律，近乎天然属性。肉体与心灵的其他属性和特质或能通过其固有合力来促进健康或者致病，但长寿绝非这些因素作用之效。因此，你为了保持或者促进健康所做的一切不能从根本上改变寿命；通常所说的疾病无关乎长寿的天然属性本身。一旦作为生命线给予你的时日消耗殆尽，抵抗一直窥视着你而在此时受命杀死你的疾病，似乎已无关紧要。

※

二难推理？　一头半人半马的怪兽路过动物园，不知怎么办！是进去？还是不进去？

※

死亡的可塑性　生命是你能够而且有义务用来塑造某种东西的可塑材料。死亡也是如此：它不是一个简单的终结，而是我们必须用来塑造点什么的可塑材料。不言而喻，有那么多美好和富有成果的生活，却罕有人这样死去，使终结也变得富有成果。有时，时势似乎承担着为我们提供机会的任务，让我们赋予死亡以可塑性和立体感。

※

铁饼投手　一轮红日宛似燃烧着的铁饼，升起前就跃入你眼帘。日落时，同样燃烧着的铁饼再次久久展现在你面前。

物理学完美阐释了这一现象。但以神话的方式来看待，仿佛太阳神把一个铁饼扔向前后两个不同方向。

*

物体周围的曲线 世界上有那么多的毒根植物，但我从来没有听说过这些植物用它们的毒素来毒害它们生长的土地。这一事实中隐藏着物体固有的逻辑，使它能够免疫，不受偶然变异之害。从同样的事实中还可以得出一个结论：土地对于一些植物从泥土里吸收毒素不负任何道德责任。

*

政治与神学 一些政治家调动雄辩和游说可能有的一切手段信誓旦旦保证，*他们的*观点，*他们的*意识形态和斗争必将获胜，犹如神学家断言上帝确实存在，因为存在本身取决于上帝的定义。

*

斯芬克斯也蔑视的人 斯芬克斯把所有的过路者引入它的峡谷，逼他们回答谜语一般的问题。若猜中答案，你就得救，否则就身陷绝境。只有阉人可以自由通过斯芬克斯峡谷。斯芬克斯甚至不屑于看他们一眼。从那个时代开始，阉人就免于破解斯芬克斯之谜。

*

消极疗法 神秘主义者正在寻找一种消极疗法。经过火焰的人也许可以为所欲为，以使受烙的伤口永不愈合。

*

阴影 阴影是光明对黑暗施行的屈膝礼。

一切寓言的寓意　恶习与美德，人的智慧与愚蠢，一旦接种到动物身上，就会产生无限的传染力。或者说：一个未经验证的假设消灭不了一种文学体裁。

*

敕令　一种话语可以使你相信在你意识之外运作，而且你不复能操控的权力和秩序，那是什么？一道敕令。

那么，祈祷就是一道敕令。

*

可能的定义　任何事物都能有一个抒情的定义，难道不是这样吗？浪是大海亲吻岸的念想。

*

夜的永恒性　夜，长夜，在某种意义上永恒笼罩着我们，即使在白天。白昼的蓝天只是走向绝对的黑暗，走向宇宙黑洞的夜幕的起点。

*

观相主义　我想象也许存在吞食眼泪的细菌。在这些细菌看来，眼泪在宇宙中生成，只是为了它们有必需的食品。

*

假设　也许我能有足够的预言力来拥抱未来……如果现实及其各种事变不来困扰我们。

＊

因工具不适用之故　我们最多的过错像诗一样难以察觉和不可言喻。这也许是末日审判将无限推迟的原因。审判官怎能用秤来完成这一使命？

＊

没有句法的语言　激情的母语没有句法。

＊

真理与殉道　任何阵营的任何烈士之所以献身，是因为坚信他的死可以当作为真理辩护的论据。仿佛烈士个人的求真确实都同真理有什么联系！

＊

一个指责　有人指责我们说，在我们的文化哲学著作中，对某种学说采取了与形而上学和批评著作中不同的态度。诚然，动物园里栖息着与丛林里一样的动物；但是，你去动物园是研究物种的形态和行为，所带装备只有眼镜和分析的冷静，而且心怀任何一个研究者都应有的慈爱的求知心来善待生命。在动物园里，没有人会像在丛林里那样手持猎枪，口袋里藏着毒药。

＊

受惠的读者　在一部作品中介绍某些水平很高却很难解读的作者，果然是一种间接的赞美，最受惠的却是读者公众。

＊

本能与激情　在一个你有激情的领域里，你也能有本能。在你没

38

有激情之处，**肯定**也不能有任何本能。

*

挑战　光兴高采烈地急冲冲从我们身边经过。我们非但没有被光的风暴卷走，反而在同一个方向投下一个影子。

*

偏见　对待一个诗人，应该首先根据他的成就来加以评价。一个写过一首天才的诗和九十九首拙劣的诗的极不平衡的诗人，比写过一百首规整的诗的作者高明。但批评总是沉溺于一种职业的态度，坚信平均分是衡量任何一个学生的标准。

*

古典主义与浪漫主义　一种语言结晶为一种古典风格，导致构成这种语言的词汇队伍中的大量失业。任何一种浪漫主义都是没有工作的词汇的一场暴动。

*

给肖像画家们的建议　跻身于公众生活的任何人都应该画成一个演员，也就是……手里拿着假面具的人。

*

潜在的世界　如果你心里装着另一个完整的世界，那么外部的最微小的刺激，即使是毫无意义的细节，就能从你心底翻出这个世界，使你感觉身处其间。只要看见一群羊，我就足以感觉到自己生活在古希腊牧歌式的世外桃源——阿卡迪亚。

*

我们与土地　有多少次我们躺在地上，大地亲吻着我们的脚掌。我们因没有离弃大地而感到幸福。

*

论据　星星是眼睛灵性的至高论据和毋庸置疑的辩护词。因为，星星和眼睛曾*在此*会面，而眼睛现在看见星星在天边。

*

精神与镜子　显然，大自然中只有个体的出现，亦即原样的事实、事物、生命只存在单独的一次。换句话说，大自然只识单数。若精神只是大自然的镜子，复数也许应该从语言中剔除。

*

当代性面面观　我们之中有谁没有感觉到夜行动物是大自然的畸变？但这种情感只证明一件事：我们所有人依然是一种神秘的崇拜的信徒。在某种意义上，我们是古埃及人或者古墨西哥人的同时代人。

若我们分析我们其他许多情感，也许会发现我们是所有时代的同时代人。

*

安慰　文抄公也是作者：*一时得逞的*①作者。

*

拜占庭　有谁相信这孔雀羽毛的华丽竟属于叫声如此刺耳的同一

---

① 原文为拉丁语。

只鸟?

*

保罗·瓦莱里 唯一写诗比**天生**诗人更好的**后发**诗人。

这是如何发生的?伺机而动。因为,成功并非天定,而在机遇。

*

婴儿的哭 初生婴儿的第一声哭是一个纪念活动。他哭是为了纪念离开天堂的亚当。

*

禁止 某地有一个湖,湖面的明镜中不仅能看到我们自我**感觉到**的模样,而且能看到自己的**本相**。但天上的陨石时时落在湖里,永远干扰和激荡着湖面。

*

发现适应环境的一个孩子 孩子经过一个动物园时说:"爸爸,瞧这只老虎,生活在栅栏里以后,适应了环境。现在身上长出条纹了!"

*

个人崇拜 真正的个人崇拜消失时,并未被群众崇拜取代,而是更换为另一种个人崇拜,只是形式不同——拜物教。

*

不属于个人的天才 有一种不属于个人的巨大天才,几千年来掌握在一个民族手里。任何一个法国人都显得非常聪明,并非因为他个人的天资,而因为法语印在他心灵里并从他嘴里说出来。

＊

谎言与真理　谎言是真理的假期。难道真理不也需要假期吗？

＊

什么是不可让渡的？　我们的全部遗产都可以让渡。甚至也包括记忆。只有未来不可让渡。

＊

告诫　不要对任何人说自己怀旧，否则很可能被看作反动分子。

＊

主权　在一朵花和它的美感中只看到"果实"的潜在收获，意味着亵渎斯文。

＊

秘密的希望　作家希望他的作品成为盖棺定论的墓碑缩影，虽然他似乎只有遣词造句的天资。正如生秘密地渴望死，尽管看来人人在尽量避免死。

＊

青春期　情窦同时想变成嘴和眼的年龄。

＊

实证主义　我的哲学是一种玄奥实证主义。正如马赫的哲学是感觉实证主义，胡塞尔的哲学是本质实证主义。起初，这些实证主义之间的差异只是简单的重点不同，结果分歧竟至滚雪球般加大！

✣

形而上学史　在形而上学家们看来，上帝不是一个可以验明正身的存在和确切的形象，而毋宁说是一个“场”，一个“度”，可以推进到最不同的量值。譬如说：观念，自然，自我，物质，一个魔鬼，甚至虚无。形而上学史是一个官方的检测器，从中可以读到这种推进过程的命令。

✣

缺点与借口　一个开始眼花的神抱怨道，由于太阳黑斑的缘故看东西不够清楚。重大缺点需寻找有分量的借口。

✣

古生物学　一座哥特式教堂，究竟是什么？是上帝的骨架吗？

✣

介乎激情与理性之间　激情只用*诡辩*来防卫理性。但激情毕竟事出有因，因为在激情与理性的这场决斗中，选择武器的是理性。

✣

谷登堡的另一个功绩　印刷术发明者是本着加快《圣经》传播的想法这样做的，丝毫也没有用来印……钞票的意图。由此一劳永逸地创造了一个为任何发明家辩解的遁词。

✣

在任何美中也存在拒绝　婴儿在摇篮里把手伸向月亮。在感到月亮拒绝他的那一刻，他见她……美丽非凡。但刚才她只是闪闪发光。

*

人与景物　有一段时间景物被看作是人的一个旁注，而人只是景物的一个积淀物。想发觉我们的错误，那么如我所做的那样，只要提出类似的比较"尖端的"看法就足够了。

*

充分自由　在自己的眼睛里放进了磷：他不愿只是接受光，也想发光。他忍受着，却一心想报复。换句话说，他想有充分的自由。他不愿意受光的约束！

*

心理学存在于出乎你意料之处！　穷人的硬币是温热的。因为，穷人总是把它紧紧攥在手里。

*

天子　在中国，皇帝被视为天的化身。中华帝国被看作世界的偶像。美丽之极！每个国家看待最有权力的人势必都是如此：上天的一个使者，一个代表，一个化身。

*

最神秘的妊娠　宇宙里的天使们在何时何地和何种环境下通过何种途径来繁衍？

他们甚至诞生在我们体内，从……我们忍住的眼泪中。

*

骨气　行走在曲折道路上的马并不比行走在直路上的马更卑躬屈膝。

＊

改头换面 难道能想象在一个特定的环境或者情况下，全体圣徒的普世教会或许有办法保证唐璜对爱情的忠诚？

除非任何一个女人能够随心所欲地变成地球上最有魅力的另一个女人。

一切多么简单！

＊

一句话 大海是水，却不供饮水。

＊

完美 我们只是从外表认为一个美男子漂亮，但这样一个人必须从气质上体现内在的美。或许只有解剖专家的眼睛才能发现这一点。

＊

一种文化理论 根据有着不同版本流行的一种理论，文化被看作一个愿望、人的深层欲望、不能通过自身途径满足的渴求的不恰当的实现。不论你或是像弗洛伊德那样称这种欲念为"力比多"，或是像诺瓦利斯那样称之为"对天堂的怀念"，都丝毫改变不了这种理论把文化贬低为代用品作用的本质。文化作为存在，必须是自在和自为的。否则，它无疑就是*虚无*。

＊

形而上学的种子 第一个在一个湖的清澈水面上看见自己长相的人，不由得浑身战栗。原因有二：一是因为又一次看见了自己；二是因为看见有东西掉进水里却没有搅动湖面。

＊

迷信有时也有漏洞　农民由于其一往直前的纯朴，往往否认或者隐瞒自己有病。他们仿佛把疾病看作一种羞耻，罪恶的报应或者化身。

但这种态度难道不比自以为是更合理？

＊

物理的力量　雷电徒劳地轰击着坟墓。地下死人的感应或许是机械自动装置般的片刻骚动，或许甚至是一丝怪异的面部微笑。但他没有复活。

＊

自毁的极端　最刻板的苦行主义与缺乏性格可能产生同样的结果：忘我。

＊

残缺与抽象　一个哲学家一生只研究终极抽象这唯一的一个问题，我觉得他是"空的"，犹如纯空间。

＊

什么是生活中的困境？　我们进行选择的可能性，亦即我们的神圣自由惹我们厌烦的某些特殊环境。

＊

一粒盐[①]　在哲学中，解决一个问题并非是因为喜爱答案和消除

---

① 原文为拉丁语。

问题，而毋宁说是为了深化和扩展问题本身。因此，哲学是问题"增肥"的一个领域。

*

真正的还是想象的长生不老药？ 十九世纪的象征主义诗歌很像古罗马皇帝卡利古拉喝溶解在醋里的珍珠的狂热。

*

水与形 泉中的水嫉妒水罐有自己的形状。但水追求形状的愿望只能……通过结冰来实现。

*

火苗 无疑，从蜡烛的视角来说，它那发光的火苗是一个"病灶"。

*

啊，象征！ 旗帜是一个可悲的象征：随着风向飘舞。

*

走向德尔斐神殿的指南 有位思想家说："只需运用'或是……或是……'这样的句式，你就能永远正确。"确实如此。但运用这样的选言判断，你只能成为航海家皮西亚斯，而成不了哲学家。

*

有益的遗忘症 我们假设存在一种无限的语言，具有适合任何概念、关系、状况、事实和可能性、含义和细节的词汇。我们假设精神能够掌握这种语言，而不会因此精疲力竭。在这样的条件下，诗的天才或许会看到自己失去了用武之地或者停止发挥自己的功能。但在这样的环境下，精神肯定会找到一剂补救的妙药：它或许将患上"遗忘症"，来挽救自己的创作自由和自发创造。

*

神话 启明星没有发现自己只是通过物理征兆下山：看见自己投射的影子在脚下的那一刻。片刻之前它还是……透明的。

*

对话，一件不可能的事情 人与人的真正对话基本上是不可能的。任何对话都归结为双方交替的独白。言辞只对正在说话的人自己有吸引力。

*

单行线 用单行线能够调节大街上的车流，但不能调节一个机体中的体液循环，也不能调节芳香和难以言表的元素在精神境界里的流动。

*

多重目的 现实感是为了给我们指明方向，也是为了我们对现实的**失真**能够有所疑惑。

*

低估 信仰问题的最伟大的专家说，信仰能移山！这种看似夸张的说法实际上低估了信仰的伟力。借助真正的信仰行动，你可以从虚无中树立神。而从虚无中创造一个神远比移山伟大。

*

自由 只有在我们完全未知的环境中，我们才是真正自由的。这比其他任何因素更突显人类生存环境的可怜。

*

本能 我们或许用"本能"一词来指称梦游行为：梦游被理解为并非病态，而是对于物种有益的正常状态。

*

一座山的种子 按照外在特征，一粒沙子也许是一座*山*的种子。但不幸的是，山无论如何不是任何种子的产物。

*

自然主义的荒谬性 没有任何事情比揭露艺术中的自然主义的荒谬性更容易了。你试问自然主义的某个信徒："画一个天然大小的神意味着什么？"

*

逆过程 只要我们活着，我们同化世界。死时，世界同化我们。第二个过程应该像第一个过程一样复杂。

*

逻辑的牺牲品 一个有序和逻辑上完美的绝对宇宙毫无诗意。由此得出结论说，混乱或许代表无序的①诗意。但这样的结论是逻辑的结果，并非源于诗的感觉。因此，达达派、超现实主义和把无序标准加在诗歌头上的其他主义是逻辑的牺牲品，而不是诗的反应。

---

① 原文为拉丁文。

*

声音与回声 是否有比引发回声的声音更大的回声？
当然有：演员引发的喝彩。

*

肢解宇宙 宇宙怎样或许可能被肢解？
一个人走上创造他自己的宇宙的道路之前夭亡。

*

文学 有时"文学"一词被用作贬义。或许很难界定这种意义。试用一幅图像来说明：用一支写过许多东西的鹅毛笔可以写得更多！
附言：但无论如何用鹅毛笔飞不起来！

*

我们由神话的物质构成 若禁止我们使用神话的叙事，那么毫不夸张地说，我们将变得似坟墓般沉默。

*

更多的自发性 若你祈祷上帝，每天早晚刻板地重复同一个祈求，这难道不是一种严重失礼——认为上帝毫不宽容吗？
诗人啊，若你每天两次献给情人同一首诗，姑且不说终生，即使只有一个月这样做，将会发生什么？

*

沉思的卵 若一个受精卵即胚胎会思考，它不能设想从它中间诞生的健全的婴儿将是一个更大和能力高超的存在。这个卵子毫无疑问会认为那个婴儿只是**它的**产物和机体的总和，或者它所构造的附属物的总体。

*

绝缘化 我们的意识由于其明晰的识别力，使我们觉得它仿佛具有外部的可渗透性和对于可能来自它自身之外的感应和印象的极度吸纳力。实际上，情况恰恰相反。意识领域完全是被对它有益的许多绝缘体包裹着。外来的感应绝大部分被反弹回去，穿透它的少量射线只有经过对意识在宇宙中必须完成的功能最有利的极化后才到达意识。用诗的语言来说，造物主更多地关注的是意识防卫宇宙感应，而不是开放意识，或者使意识尽可能接受这些感应。

*

何谓模仿者？ 一个生自雕像的人。

*

墓志铭边的反思 最初，墓志铭也许有一种符咒的意义。墓志铭是要将死者与坟墓捆绑在一起，禁止他在活人中间不合时宜地游动。随着时间的推移，这个最初的意义被人遗忘了。

如果能够保持其最初的意义，有多少风俗、仪式、制度也许不会在某个时刻完全消失！但是，各种风俗、仪式、制度还是保存下来了，尽管其原始的意义已被遗忘。所以，在某些情况下，遗忘可以成为一个完美的保护因素。

*

毫不做作 残阳如血的黄昏最自然不过地杀死每一个白昼，毫不做作。没有一个白昼夸耀说，为了拯救其他白昼宁可自己流血。

*

论教育学 如果心和脑大致表现出某种相似性，也就是说结构和取向上的相像，教育学在完成其被赋予的使命中或许会成果显赫——有谁能否认呢？不幸的是脑和心并非亲戚。

*

例外的故事 自然法的例外永远只是依据其他法的例外。因此，不存在例外，只存在要求我们寻找尚不知的法律的征兆。

*

尼采 青春期大绽放。他的哲学完全是这种绽放的表现。

*

伦理意识的困境 日常生活是伦理能最大和最准确地发挥其或有功效的环境，但我们在这样的环境中生活得越久，就越难分辨清楚我们在*道德机器机制*基础上完成的行为与来源自*责任意识*的行为之间的差别。

*

透明的物质 我们的精神之所以观察物质，只是因为作为其体现的肉体有这种天然要求，虽然这个强加于它的任务令人厌恶。纯粹的精神或许缺乏感知物质所必需的感觉。因此，为了纯粹的精神，我们的物质世界可能应该有一层飘渺的透明性。在世界的外层，一个天使写道："小心，易碎品！"

*

天才的间歇性 天才如果是永恒的，也就是说不是表现为间歇爆发的，那么或许更神秘。数学也是如此：如果无限不是有时被公认为相等于它的部分，或许会越加神秘。

*

最大的兴趣　宇宙中不存在比对手相互研究对方的武器更大的兴趣。

*

形而上学的苦恼　为什么一束光像童话中令人难以相信的英雄一样从这一头到那一头走遍整个宇宙？它是在寻找注视的目光吗？

*

形而上学与诗　形而上学意欲成为启示，结果只是一种创造。诗想成为创造，结果变成某种启示。但形而上学的最大特点正在于它的成果比想得到的少，而诗的最大特点在于它修成正果，成为超乎它意图的某种东西。

*

形而上学与诗　源于对立的意图，得到对立的成果，却由于上述特点有着很多重要的契合点——它们不想要的东西，却势必作为精神产品而拥有。

*

他人的羽毛　你可以用他人的羽毛装饰，却不能飞翔。人不是很懂这件事，鸟却懂得。

*

早熟的技巧　一个过于年轻的诗人或者艺术家拥有太高超的技

巧从来不是吉兆,因为它受制于极其薄弱的基础。曙光中的星星越是明亮,越是表明大旱灾将降临。

*

观点　你所感觉到的母语框架内的方言差异与一个外国人的感觉相比,永远不那么突出和严重。

*

视角　"任何时代都是一个球体。"这是一个带有毕达哥拉斯气味的命题,似乎没有任何意义。但这句话毕竟是有意义的。任何时代都是一个球体,因为它把重心置于自身之中。

*

无休止的追逐和纠缠　我们的批判性冷静分析,试图通过坚持不懈的观察和刻意穷尽的层层剖析手术来品味诗歌。诗歌通常躲进新的黑洞,从那里继续进行呼号和对抗。批评怀着很阳刚的男性渴望——多么奇怪的事情——永远不会宣布满足,除非遭到最后的拒绝。但我们是否已经对批评与诗歌之间发生的这种斗法感到疲倦了呢?还没有。因为,只有在诗歌摆在它面前的最后拒绝是……模棱两可的,批评才有充分满足之感。因此,这种斗法自然不会停息,而是从头再来。

*

模特儿　孔雀或许是装饰家的模特儿,但不是歌手的榜样。

*

成语与观念　"比无更少",这是属于多种语言的一个习用成语。这个成语是否比数学中发现负数更古老?

了解成语、短语在多大程度上比人类思想史上的某些观念产生得更早,也许是很有意思的。

*

艺术不是补偿　艺术不能被视为某种不满足或心灵空虚的填补、补偿。任何一个残疾人都不会用一条大理石的腿来代替截掉的腿。

*

井上的题铭　深的东西并不闪光。

*

诗　你同心爱的人去国外时,也带着你的祖国。

*

诗人与诗　有些诗人"创作"诗,有些诗人"制作"诗,还有些诗人"分泌"诗。这最后一种方式是青春期特有的,但青春期可能是一个短暂的阶段,也可能经久不衰。

*

限度　如果说一个人向善是有限度的,那么堕落为何就没有限度?对此,或许应该提示的是,我们切勿单凭想象,以为向善犹如飞翔,飞得越高越是艰难,而堕落犹如雪崩,越是向下滚落,速度越快。

*

斯宾诺莎　一个本质上把一切话语都看作同义词的哲学家。

*

艺术与道德　人人知道，对一粒沙子引起的痛苦，蚌用一颗珍珠来回报。对同样的痛苦，眼睛用一滴泪来回报。

艺术与道德的相似程度恰如珍珠与眼泪。不多也不少。

*

伤感主义的发生　伤感主义的起源十分古老。这种观念发生的罪魁祸首是夏娃。在她离开天堂的那一刻，对沉默的亚当耳语道："离别不啻是死亡片刻。"①

*

童话的景色　存在着宏伟、强大、不可接近的巨岩，却可能在……内心的一声普通回声下轰然倒塌。

*

相似并非必然意味着有血缘关系　历史上存在着许多十分*相似的*事物，尤其是在精神领域里，但它们之间没有任何血缘关系。今天的闪电无论如何不是昨天的闪电的儿子。

*

人与动物　奇事：动物曾经在好几千年里是人的图腾。但人对于动物并没有这样的作用。人在与动物关系中的这种谦卑，却又是人高于动物的第一个标志。

---

① 原文为法语。

＊

命运 我们相信命运的倾向有增无已，其原因正在于我们傲慢地自信对宇宙的其他一切并非完全无知。

＊

只能在其王国里进行斗争的力量 精神与物质之间的斗争始终在精神内部进行。或许有人认为，这种状况在时间实际上构成精神的最好机遇的当口，使它处于下风。归根结底，*并非*物质将斗争推向精神王国内部。这种斗争*只能在这里*发生。

＊

继承人 启蒙时代的人对待上帝犹如对待一个富亲戚，渴望自己能成为他的遗产继承人。

＊

只是感叹 普世之物何其少！人，狗，还有……月亮。

＊

倒退的时间 在我们内心体验一个倒退的过程何等令人惊喜，穿越数千年，回到至高无上的原始神话的情景，譬如说体验禁果或者聆听天堂叶丛中神明和魔鬼的声音。

＊

演绎 智慧女神密涅瓦在完全成长后从朱庇特的脑袋中出生。换句话说，朱庇特脑袋不仅是能够思维的大脑，而且是能够生育的子宫。事实上，真正的智慧比一般想象的更富有天生特质。

＊

不满足的心　心灵永远有你不能给予它一个亲吻的余痛。

＊

日食　敬请特别关注。说到日食,其实被黑暗遮蔽的不是太阳,而是我们这些地球人。

＊

色彩　在水果成熟的过程中,必然有热量作为一个必要的恒常因素作用其间。但成熟的最重要的、决定性的色彩来自第一场封冻。所有的园丁都熟知这一点。我们要提示艺术创作家们,从某种意义上说,他们也都是园丁。

＊

诗歌的繁荣　一个国家的诗歌要繁荣,有大量高素质的读者比一切文学批评更重要得多。

＊

爱神厄洛斯　世界上树立爱神只是为了控制生命的遗传本质吗?
古希腊人似乎不太相信此说。爱神厄洛斯与其说像一个管理者,毋宁说更像一个长着翅膀的孩子。

＊

论传记　传记有两类:非小说化的和小说化的。但自传永远是小说化的,而且也不可能是另一种样子。**否则**,作者向往的或许不是写作,而是……自杀。

＊

心理 彩虹由于自身的非物质性，防止了任何撕裂、粉碎它的意图。但正因为如此，彩虹依然是一个可分析的现象。

＊

现代人的一种憎恶 怎么解释现代人对于礼拜活动或明或暗的憎恶？我们或许可以在礼拜活动被某种特定的职业垄断的环境中找到解释。由于垄断，各种礼拜仪式僵化了，创造性的天才被赶出了一个应该保持自由的领域。譬如说诗就是这样的领域。

＊

艺术与雕凿 无休止的雕凿只能把一件雕塑作品化为齑粉，而不是臻于完美。

＊

第一个抗议者 亚当跌入罪恶后，想在知识树上上吊自尽。但没来得及前往就被逐出了天堂。于是，这个象征性的抗议行动未能付诸实践。

＊

一句话 空有羽毛，却无翅膀。

＊

评注 在任何一个民族的语言中贮藏着一种非人格化的巨大天才。作家们可以成为这种基质的或好或坏的导体，就像金属是热量或电流的或好或坏的导体一样。但一个作家的价值丝毫也不取决于这种传导的能力，正如金属的价值自然也不取决于某种类似的能力。

☀

根的诡秘性　与植物相比，根有诡秘的一面。它的外貌让人觉得显然是努力工作的器官。根是与各种物质斗争，进行吐纳的部分。在根部，贮藏着巨大的渴望和激情。那里是生产力的秘藏所。从那里启动植物汁液的运动。用形而上学的话语或许可以说，万物之"根"比物本身更诡秘。

☀

不可能发生侵蚀的地方　莎士比亚不会侵蚀歌德的光辉，反之亦然。康德不会侵蚀柏拉图的光辉，反之亦然。列奥纳多·达·芬奇不会侵蚀伦勃朗的光辉，反之亦然。侵蚀是可能的，但只是在邻近的天体之间，无论如何不可能发生在不同的恒星系之间。

☀

心理分析　心理分析如果带着点儿自我嘲讽阐述自己的理论和评论，那么或许更加无可比拟得多地接近真理。

☀

二流的手艺　我们不知道是否存在转世。即使存在，我们觉得可以肯定的是，任何一个创作大家都不会只是转世去"评论"自己的前世作品。

☀

尝试　科学家们试图表达纯粹状态的共鸣。诗人借助元音，亦即求助共鸣本体之外的某种东西来表达。在这两种尝试之间，究竟哪个确实获得成功？

※

论几何　几何学是恢复创世前状态的科学，它试图抛开物质的帮助，**填补真空**。

※

古代和现代戏剧　古代戏剧有一个合唱队，肩负着多元的角色。谁说莎士比亚的戏剧中没有合唱队？莎士比亚剧中的疯子不是合唱队的更活跃和更有诗情画意的替身，又是什么？

※

少年　任何一个少年都感觉需要进行抗衰老的治疗：有时，阅读哲学是最值得推荐的办法。

※

向度　一个哲学家在森林里散步时不是在树干、树枝和树叶中间行走，而是在一座根的森林里游荡。

※

平静时刻　恺撒和观众离开之后，鼠群出现在角斗场里，向倒下的角斗士们的还是温热的指头发动进攻。

※

双料作者　任何比较古老的艺术作品都有两个作者：创作它的艺术家，以及为作品添上魅力倍增的古色的时间。几个世纪的时间将原来唯一的作者变为自己作品的普通合作者。

※

狗的寓言　一条狗为了躲开阳光的烧灼和照耀,想躺进自己的影子里。

※

柏罗丁与克拉格斯①　古罗马有位哲学家羞于自己有肉体。过了十七个世纪之后,又出现另一位哲学家羞于自己有精神。

※

完美无缺　维德拉乡的死亡登记册里也记载着阿弗拉姆·扬库②的死。名和姓。出生地和年份。一切符合手续。"死者职业或行业"栏里写道:*罗马尼亚人的英雄*。

※

彼拉多③**何时第二次洗手?**　在他死后,当他发现自己的名字进入基督徒的*信仰*之时。

※

叶汁雨　多瑙河三角洲洪水泛滥时期,森林加速为枝叶充填原汁。树叶滴下半透明的汁,如果你在枝叶组成的拱顶下经过,仿佛行走在雨中。你看,一个很常见的环境如何创造了你从未梦想过的新

---

① 柏罗丁(204—270),希腊哲学家,新柏拉图主义代表。克拉格斯(1872—1956)德国哲学家和心理学家,"生命哲学"代表。

② 阿弗拉姆·扬库(1824—1872)特兰西瓦尼亚1848—1849年革命领袖之一。

③ 彼拉多,又名本丢·彼拉多。据基督教《圣经》记载,罗马皇帝提庇留在位时,彼拉多被委任为巡抚,于耶稣降生后26—37年间,代表罗马皇帝统辖犹太等地,掌军政生杀大权。彼拉多几经踌躇,终于同意犹太公会要求,把耶稣钉死在十字架上。参见《圣经》《约翰福音》18:31;18:28;19:16;《马太福音》27:24等处。

世界。

*

什么是可见的世界? 一个现实的论据,但毫无价值可言,可为无限多的可能意义论辩,却指证不了任何确切的意义。

*

迂腐的学者 生吞一束知识之光,抱残守缺终生。

*

河与泉 河是泉的评论家。

*

完全的虚空 每一天,我觉得与英雄行为那么贴近!但每一刻都有完全的虚空——我的生活将我同这样的行为隔离。

*

滥竽充数 有些人唯恐有任何失误,宁肯什么也不做。对于这些人,可以说他们的存在本身就是滥竽充数。

*

生命是它本身加上它的对立面 生命不只是生命。心脏每一次跳动或许都是在生死之间挣扎。换句话说,死亡或许是心脏每秒一次有节奏地触及的一个句号。

*

荷尔德林 让我们觉得疯狂乃是人向着神挺进的唯一案例。这样的场景促使你把精神分裂看作走向神化的升华。

＊

无需费力的壮丽　日出时永远令我惊奇的是那种魔术般轻松、丝毫无需费力的上升场景。其产生的结果却改变世界的面貌。

＊

斗争规则　须用箴言驳斥箴言，否则有违骑士精神。

珊瑚篇

何谓箴言？ 一朵天赐的奇葩；天生能够孕育和诞生"道"。

*

题外话 如果我们总是大声思考，或许将丧失一切差异。

*

心脏 毫无疑问，不管我们多么苦涩地思索天地、人生境遇、眼前时光和未来命运，心脏总是用它的跳动为人生*鼓掌叫好*。

*

我不轻视他人[①] 保持你的权威和距离，不仅对孩子们，而且对你可能也身为其父的思想。

*

在观念与现实之间 我们生活在一个例外的世界里，正常人在这个世界没有任何成功的机会。

*

难以相信，却就是如此 一个人可能遇到的最荒谬的事情是哲学家的境遇。实际上，哲学家需要比上帝更有智慧，因为我们期望他用无限少的手段创造世界。

*

形而上学的隐喻 你确实在树林里听见风声，但树不生风。

---

① 原文为拉丁语。

*

不苟活　不苟活意味着懂得赋予人间的生活以天堂监狱的面貌。

*

凡人与要人　你若着手规划自己的未来,即是一个"凡人"。你若从回忆录的视角着手规划自己的未来,开始变成一个"要人"。

*

海洋的苦恼　河流或自以为奔腾入海完全出于使海水变甜的真诚而无私的愿望。

*

还有一种无能　原创性只有在损害精华的情况下实现时,才变得过度和应受谴责。但在这种情况下,原创性是无能的好姐妹。

*

何谓杰作?　实现了一个"构想"的*完美的*艺术作品。

*

定义的尝试　"现实"即是在不确定的时间里将其他一切可能变成不可能的机会。

*

一个奇怪的词　"人"这个词是一种修辞手段,是任何生物都尚未实现的一种夸张。

＊

一个感觉　任何三段论仿佛是一个神学的陷阱。这种手段被用得太滥。

＊

软体动物的存在主义　存在主义者摒弃"哲学体系",据他们说,"哲学体系"不可避免地走向僵化。软体动物劝说脊椎动物拒绝生成自己的骨骼。

＊

论趣味　无论是趣味高雅的人或者趣味低级的人,可能都相信趣味本身是极其相对的东西,不存在真正的"趣味误区"。但这种论断是多么荒唐的智力误区!

＊

潜在性　任何一个理想皆潜在地构成良心的拷问。

＊

幼稚症　儿童出生后以为一切随他支配:肢体和事物,周围的世界,一切的一切。儿童的第一个重大失望应该是看到他的身体与周围世界之间是割裂的。科学试图补偿这种最初的失望。它努力将一切供我们支配,将世界变成我们的躯体。

＊

论神学文化　神学文化能够变得十分富有成果。但只能在走出它之后。正如童年一样。

*

传话者的行当　爱好制造种种可能制造的闲话。

*

我们的实绩　我们在最深层的意识中感悟到,有些事情早在完成之前神明就说像过去一样无可挽回。

*

区别　人与动物的区别在于人擅长将"做某件事的机遇"变为"做另一件事的借口"。

*

诗　很难说清什么是诗!有一点却是确定无疑的:诗是一个驯化的泉。

*

朋友　我们的朋友是一辈子活在我们心中的童年时代的*我们的*朋友。

*

对角线　若可能有命运与自由之间的某种和解,这个交合场或许叫做"性格"。

*

唯一的例外　大自然处处奉行最大限度节约原则。只有为了育种、创新,它才接受不惜花费的原则。

*

人格与模仿　不论人格与模仿之间可能存在多么大的不相容性，"有人格"却意味着在其诸多特征中也包括多多少少对于自身的模仿。

*

迷茫　精神有多么迷茫！请看艺术史上的一个证明：没有任何一种艺术*手段*，*即使是十分次要的手段*，不在某个时刻为了艺术的*目的*而被改造！

*

应受责备的最精湛技巧　不再正视任何困难的自满。

*

本能与理性　动物的本能生来就比人更有*理性*。在动物身上，本能被当作理性使用。在人身上，本能与理性彼此敌对和排斥，为了相互矫正而纠缠不清。

*

缺陷　靠情感生活的诗人是只知应酬唱和的奴隶。

*

一个必将被置于边缘的问题　拯救问题只是对于患有不同程度精神贫乏症的人可能变得十分迫切、严重和关键。具有创意的人天生排除这个问题。

＊

诗歌的现代主义　前一个时代的诗歌破格变成*目标*，而且得到时代精神的庄严批准。

＊

恶习与真诚性　坦白一种恶习、一个罪恶，通常出自坦白者强迫听他陈述的人能够分担他的部分重压的内心倾向，这自然大大降低了坦白者的真诚性的自身价值，而对于这种真诚性，我们很容易倾向于视为弃恶从善的开始，尽管未必那么正确。

＊

破碎的法版　神圣精神破坏了任何道德契约，因为它非但不追求所有德行的和谐，反而提出它们之间的不相容问题。

＊

骗人的不祥之感　白光看到自己被撕裂成彩虹的七色，以为经历了一场灾难或者世界末日的巨变。

＊

命运与骨骼　我们不必刻意追求一种悲剧人生。大自然早已费尽心思把我们的生命、肉身和命运钉在一个骨头的十字架上。

＊

在诗人面前　在一个名副其实的新诗人面前，你始终有一种美妙的荒诞感觉，好像茅塞顿开，懂得了以往不懂又没有努力学习的一种语言。

告诫　过去有多少热火朝天的好时光,未来就会有多少艰难日子。

*

柏拉图的遗嘱　哲学家们只写"对话录",尽管他们没有发觉这一点。目的是完成一份遗嘱。

*

一个托词　艺术家借助自己的作品创造一个应对末日审判的托词。

*

无一例外　历史学家凭"道听途说"和"文献索引"写作,却总是雄心勃勃,喜好摆出一副"见证人"的姿态和傲慢面孔,无一例外。

*

浅薄　大师们错误地倾向于认为,只要他们的高超技艺还无人企及,就不能有任何人用怀疑的眼光来审视。但确也存在大师遭遇并揭示的对于其艺术生涯的浅薄偏见,他们尽可以将这种偏见当作陈词滥调加以摒弃。

*

效果　任何一个大创作家通过在其周围产生的运动,无不以这样或那样的方式蜕变为中庸哲学的共谋。

舞蹈　上帝手写真迹。

*

论旅行家　旅行家们的最终目标永远是他们的*回忆*，因为这是美景无拘无束地绽放的唯一目的地。

*

回忆录作者　撰写回忆录的快乐在于用自由的精神重组命运在环境的重压下曾经组织过的一切。

*

思想水平　一个种族主义思想家的思维和观念总是把一切归罪于不彻底性，通常不是因为逻辑的悖论，而是因为他的论据比以前更肤浅……或者更深邃。如果更深邃，那么不彻底性便成为最好的辩解。

*

不可克服的弱点　女人若不能忘掉自我，觉得悲哀，但若不能找到自我，同样觉得悲哀。任何人都会承认女性气质有着不可克服的弱点。

*

思[①]……　在笛卡尔看来，"思"是某种形式的保险公司。

---

① 原文为拉丁语。

*

珊瑚礁的冲力 珊瑚礁从海底生长至海面；到达海面后，上升力被海平面的剪刀剪断。珊瑚的冲力爆发自海底深处，由层层黑暗持续拉力，而白昼的阳光使它断裂。

*

方法 每当一个科学家说到"方法"这个词，我总是觉得仿佛看见一条蛇艰难地吞噬一个比它大的动物。

*

轶闻 任何一个大人物都是某种多头怪物。围绕他的种种轶闻，无非是他的另外几个脑袋。

*

忘恩负义 蒙太阳的恩赐，我们看见万物。但我们要看得更加清楚时，立即转过脸去，背向太阳。

*

蜜蜂对于被蜇者的安慰 "无论如何，我的毒刺也是用蜜做的！"

*

政治家与国家领导人 政治家是具有预见未来才能的人，而在其现实活动中，为了这个未来而致力于达成种种妥协与和解。国家领导人则在对现实的更深刻的洞察力基础上建设未来。

*

开放的发现　我觉得某些科学发现都是我们在原理上可以企及的,我们之所以过去和现在没有能发现,是因为意识尚未成熟到敢于尝试。

*

不适合的路径　沿着**分析**的路径进入绚丽多彩的文学,你"原则上"感兴趣的是至上派艺术创作。

*

一个例外　借助"分析"构成的唯一美景是彩虹。

*

畏缩的伟人　这些从天才中挑选出来的人物何其忸怩作态!他们把自己束缚在头顶的光环之中,仿佛那是一种反物质。

*

历史上的思想　你翻阅历史就会发现,那些"正确的"思想对于事件的发展永远很少有什么决定性作用。历史是最令正直的人们失望的记录。

*

对命运的爱①　亲吻你的命运……虽有违你本愿。那犹如你必须用来吞咽苦酒的杯子。

————————

① 原文为拉丁语。

*

催泪文学　在冰河时期，人类的催泪文学或许制造了一场暴风雪。

*

哲学与幽默　幽默作为一种态度意味着认同常识。但就定义而言，任何一种真正的哲学无不耻笑常识。由此产生的结果是，一个哲学家除非暂时背叛哲学，否则就不可能有幽默。

*

建筑的诗篇　十四行诗像一间房子一样堆砌起来：自下而上。

*

分权　分权即使在最暧昧的问题，譬如说味觉问题上也得到保障。在你对味觉问题表达意见时，**立法者**是身居你心里的无名氏，**法官**是你本人。所以，你的味觉立法比判决较少个性色彩。

*

对需要者的一个劝告　经常受怀疑主义情绪控制的人受到来自社会的猜疑，被看作不仅精神反复无常，而且生性没有定力。为了避免这样的猜疑，被怀疑者或应多少用体制的精神和原则的形式亮出自己的怀疑主义。

*

金字塔　在埃及的古代法老们看来，"创造"的意思就是"建造一座坟墓"。这一观念在历史进程中并未发生很大变化。确实，我们应该把任何"作品"看作一座神秘的金字塔。

河的沉默　河的沉默是不流动的河床的自我意识。

*

在各种宗教之间　各种宗教承认各自的神,犹如各个国家承认自己的政府。但它们不相互承认对方的神?因此,就定义而言,在不同的宗教之间,外交关系是断绝的。

*

不适当的补偿　在启蒙时代,理性完全排斥"神的启示",直至使它名誉扫地。但通过既十分奇怪又极不适当的一个补偿过程,理性本身在当时的人们眼里获得了某种神启的神秘魅力。

*

哪里不存在羞耻?　梦和《圣经》。

*

反面　紧迫和真正"现实的"问题,在某个时刻可能变成只是将会有所定论的、无可挽回和永远"不现实的"事情。

*

只有夜才是发生器　夜是一切种子的祖国。

*

流行的忧郁症　哲学不止一次企图自杀。它患了某种流行的忧郁症。但它失败了。哲学没有能自杀,因为任何这类性质的企图依然是一个哲学活动和活力的象征。

改变着的维度　深入观察，现实不复逼真。

*

信徒　信徒永远是一个执迷不悟的人，因此他从来不是某种学说的受害者，而是某种学说所包含或者培育的精神自动作用机制的牺牲品。

*

只是脚手架　道德准则是用来构建个性的脚手架。个性一旦形成，脚手架就可能倒塌。所以，你们肯定觉察到，唯独少年恪守"道德准则"。

*

日历　基督徒从耶稣基督诞生开始纪年。革命党人从攻克巴士底狱起纪年。诗人或许应该从创世开始纪年，因为从他们的作为来看，诗人依然坚守以《创世纪》为开始的世系。

*

一个问题与一个答案　什么是值得过的生活？我们不可能用单独一句话来概括一切乌托邦的这个公分母。

*

诗史的缓慢　只有事件本身具有比编年史家更大的耐心。

*

伪先驱们　阿西西的圣方济各对狼说："狼兄弟！"

由此不能得出结论说,他是达尔文的先驱。

*

一个怪异世界　日常经验告诉我们,人是多么不愿意死。历史则相反,教导我们人是多么轻生。历史描绘的是彼岸——一个怪异世界的情景,在那里,人的自我保存的本能看来近乎魔法般地中止了。

*

自然、肉体、灵魂　我们的灵魂比肉体更容易融入大自然。虽然肉体与大自然是同质的,而灵魂并非如此。

*

古董爱好者的满足　古董给予我们的愉悦自身包含着一声轻快而矜持的尖叫。

*

立法者　任何一个立法者不明说的雄心,乃是颁布享有传说美誉和不成文法效率的成文法。

*

纯诗歌的秘方　溶入天蓝色酸中的一个美女。其混合物随后可以使她变成水晶。

*

物理实验的意义　物理学能够成功地真正成为物理科学,并非只是因为它研究物理现象,而且还因为它以*物理*的方式研究物理现象。因此,物理学家既作为*对象*,又作为*方法*进入物理领域。古代有一种物理学,物理学家只是作为对象进入其中。

＊

试说观念　一般说，**观念**，即使是我们自己的观念，毫无用处，并非因为过于抽象，而是因为太少注意我们的"心理"。

＊

成功　幕布感到惊奇的是每当它落下时都赢得热烈掌声。

＊

一个作家何时开始"得到公认"？　有一个独特的确切征兆：他的众所周知的"缺点"开始被看作"美德"。

＊

天才与自我批判　似乎很少有必要谈论一个作者的"天赋不平衡"；不平衡的几乎永远只是他的自我批判。

＊

巅峰时刻　历史在其巅峰时刻实际上表明对于不断加强和扩大的神话的依赖。历史不需要诗人争相进入只属于象征的贪得无厌的想象领域。

＊

只有大自然能这样成功　植物学家们告诉我们，一些植物的"刺"也许是萎缩的叶子。多么奇怪：你可以用某些萎缩的器官当作**武器**。

＊

小心为好　归根结底，任何"哲学"都想强迫读者接受软禁。

*

语言还是科学？ 数学究竟是语言还是科学？可能两者兼而有之。任何数学哲学的难题正在于此。

*

在地下墓穴时代是一样的 任何宗派主义将人变成人的一个碎片，随后这个碎片自命为"新人"。

*

种的观点…… 从*世代的观点*①来观察事物，你可能大错特错，就像从权宜的观点来观察一样。但所谓"多产的错误"通常产生于第一种观察方式，而不是第二种方式。

*

自高自大者 一个道德腐败、品行不端的败类企图伪装成完美的圣贤。

*

逻辑还很难概括经验的意外 若你坐在两面相对的镜子中间，按照任何自然逻辑，期待看见镜中有两个你。突然，你意外地发现镜中有**无数个**你。在逻辑提供给你的判断与实际体验到的新经验提供给你的情况之间，存在一个如同从有限跳至无限的差异。

*

诽谤者 职业诽谤者幻想人们的光辉能像头发一样用剪刀剪断。

---

① 原文为拉丁语。

＊

预想　历史的创造者通常生前就具有受到强烈猜疑而淡定应对之力，确如已经成为雕像的某些伟人一样。

＊

糟糕的标准　没有什么比用"原创性"更糟糕的标准来进行评判。我知道有些非常富有价值的作者，因为敢于直面现实，而不曲意逢迎，被指责为缺乏任何原创性。

＊

激励　每当我向许多人**解释**某件事情时，都从一言不发地听讲的人那里学到我自己从来没有想到过的东西。

＊

人与力　神激励人，终成正果。魔贪得无厌，终无所获。

＊

正确的思想，跛行的论据　人类的许多杰出思想一出现就伴随非常脆弱乃至滑稽可笑的论据。你看乔纳多·布鲁诺用来为世界的无限性辩护的论据有多么愚蠢！

亚里士多德为了证明地圆说，求助于毫无根据的论据，竟然断言圆是"完美和稳定的"物体的必然形状。

＊

命运与地位　个人的命运是与地位同等重要的事情，有同样明显的现实意义。地位是命运在空间中的浓缩，命运是地位在时间中的展开。

*

具体的缺陷 任何具体现象都以这种或那种方式生产耶稣会士的诡辩术。

*

但丁 讽喻是诗歌趋于衰老时尤其喜爱的风格。出于对但丁的尊敬,这个见解只能被看作一种感想,而不是定论。

*

铁甲城堡 各种偏见通常具有形而上学的基质。因此,它们只能通过其他偏见来粉碎和替代。

*

大自然与引号 这个少女应该有"一双美丽的眼睛",因为她的祖母眼睛很美。但大自然忽略了引号。

*

形而上学体系 就某种意义而言,人类的各种形而上学体系都是上帝的谎言。所以,它们是宏伟和神圣的。

*

被排除的梦 一个巨人从来不梦想踩高跷。

*

爱神厄洛斯 爱神厄洛斯是具有无限多假设的唯一上帝。一个女人从来只能回答其中的一个假设。

＊

历史的平衡体　任何重大的历史现象似乎都伴随有一个平衡体。如果你看见一个非常强烈的彩虹,那么在其附近去寻找第二个——你马上就会发现它。这第二个彩虹永远较弱,而且是反向的。

＊

选好工具　要将一线阳光一折为二,手臂无能为力,即使倾全球所有工厂之力或者甚至宇宙的一切机械力,也做不到。但只需一滴露水就足以完成。

＊

少许满足　眼睛在睫毛的影子里得到小憩。

＊

下潜　我们下潜入自己的内心深处,事实上是为了满足对于异国情调的热情。

＊

原则　各种原则都是乌托邦的略图。

＊

意志力　意志坚强的人不能避开任何人都能轻易避开的唯一东西,即是他们自己的意志。或许可以说,坚强的意志力是一个弱点,犹如一种恶习。

＊

希腊的雕像　一尊希腊雕像就是一份请柬,邀请神进入大理石的血肉。

※

历史学家　历史学家将人类记忆当作人工呼吸。

※

连通管　我们*行动*时，内心的道德意识对他人比对自己更加关注。换句话说，我们的任何行为在我们的道德意识的甲壳上打开一个裂口，他人的道德意识通过这个裂口侵入我们身心。

※

歌德之光　歌德在反对牛顿的斗争中曾经说过一句话："一个死去的人永远不能阐明光的本质；但一旦有人这样做，也不会得到任何人理解，正如光本身一样。"有人断言，最新的物理学似乎成功地阐释了光的本质。大家知道那是怎么说的：光既有微粒的性状，又有波的特征。这种定义不啻重开争论！

无论如何，歌德的话确实应验了。

※

为橄榄园作注　只有精神流血，肉体从不。

※

魔力与遗忘　一个美女的漂亮牙齿要有迷惑我们的魔力，必须使我们忘记牙齿是骨骼的外露部分。

※

圣徒　圣徒头上，光环犹如干柴上的火焰一样跳跃欢舞。光环正在消费他。

＊

记忆与纪念碑 若我们对于记忆的品质绝对信任,就无需树立纪念碑。

＊

摘下面具 对于人与上帝的所谓神秘合一,你们不觉得有乱伦之嫌吗?

＊

站立与倒下 人用两只脚站立起来,在创造天的神话同时变成了直立的智人。这个神话若被忘记,人将再次倒下,靠四肢爬行。

＊

无物的影子 云彩投在原野上的移动阴影,我童年时觉得像无物的怪影。生活的童话只要我们依然认为可信,就会永远存在。

＊

我们不只有单一的记忆 每个器官都有自己的记忆。大脑如此,心如此,鼻孔如此,手如此,脚跟也如此。

＊

真理与中庸 如果真理永远是"适中",则是难以言表的遗憾。这或许将把真理变成中庸的属地。

＊

好古者 上帝说各种语言,但说的只是每种语言的远古方言。

＊

爱的作用　大自然受是非准则控制。只有在爱中，它寻求模糊。因为，爱的作用是瞬间复原新世界在其中诞生的原始混沌。

＊

两条视线交会　两条视线交会，两个人之间的片刻沉默，没有传到对方耳朵里的一句简单的话，可能成为世界历史中的一滴水。

＊

现在的清晰度　现在并不比神谕的谜一般话语中揭橥的"**未来**"更清晰。

＊

魔鬼的唯心主义　魔鬼购买"灵魂"。在他这个行当中存在着明显的唯心主义残余。

＊

一个无头无臂胸像[①]　一个没有自杀身亡的古罗马元老加图只是一个**无头无臂的胸像**。

＊

一首诗的最好评注　一首诗的最好评注，不在文本之外。朗诵诗的方式即是一种评注，无需多费口舌。

[①]　原文为意大利语。

＊

本能与精神天赋 各种本能确如大自然秩序中的一个具体动物的各个器官,彼此真实地互补。精神的天赋和取向的互补则是虚幻的,犹如狮身人面像斯芬克斯的各个器官。

＊

回忆录 一个宫廷大臣虽然并不像我们每一个人那样真诚,却恭谨非凡地大书特书过去。

＊

弱化的清醒度 我们通常远不能达到可能具有的清醒度。大自然故意让我们在世界中保持这种弱化的清醒度,以使我们摆脱强加于生活中每一步的充当英雄的烦恼。

＊

约翰·塞巴斯蒂安·巴赫 古老童话中的一个魔法师,通常不是把人类变成动物,而是幻化为大教堂。

＊

哲学问题与科学问题 哲学问题逐一吸收给予它们的所有答案,从而使它们作为问题变得更加广泛和深刻。科学问题被给予它们的答案所吸收,从而消除。

＊

玄奥诗 封闭在一个诗人心中的象牙塔。

*

诱饵 世界美好的许诺是神的诱饵，世界丑恶的指控是道学家的诱饵。

*

智慧 智慧是绝望的一种形态，亦即它的老化当量。

*

责任与人道 一旦应召在社会中担任任何负责岗位，都使我们心中怀有的人道主旨面临威胁。

*

心理分析的座右铭 丘比特使用联想词即隐喻，永远是爱情驱动之故。

*

最常使用的档案 历史学家最常使用的档案是民间的幻想。

*

神童的命运 没有任何人比曾经的神童更可悲。他通常处于同自己不相称的永远长不大的状态中，直至他身为亡父之时。

*

诗人 词语医院里的一位献血者。

*

经典作家 没有一个"经典"作家不革他人的命，却反对革自己的命。

*

常识的种种局限及状态　常识只有在幽默的形式下才展露才华。

*

仿效基督①　"仿效"某个人的高尚道德*行为*从来不被看作剽窃。

*

神秘的疾病　天才在青年时期患神秘的衰老症，进入老年却患神秘的青春期躁动症。

*

俄狄甫斯没有回答　俄狄甫斯听见斯芬克斯的问题，心头不由得升腾起一股怒火，脱口说道："从我决定不惜冒生命危险经过你面前开始，就期待你提出像你扼守着的周围深渊一样深邃的问题，而不是这种埋伏圈套的愚蠢废话。要知道，无解之谜是最轻佻样式的谜，我不喜欢调笑问答的集体儿戏。"

*

深渊　任何诗歌都在回望《圣经》所说烈火燃烧中的罪恶之城索多玛与蛾摩拉，像不听天使劝告的恶人罗得的妻子一样化为盐柱吗？②

---

① 原文为拉丁语。
② 参见《圣经·创世纪》19：15~26。

*

三段论是逻辑的修辞学　真正的逻辑是性质十分严谨的思维的蕴涵方式。在高质量的哲学阐释中,三段论是一种不可见的潜在存在。显性使用三段论及其一切手段同哲学阐释的**质量**无关,而同哲学阐释的**论辩性**相关。

*

学究作风　学究气是将中庸思想视为资本的学风。

*

分而治之①　同自己的罪恶或恶习进行公开的直接斗争格外困难。如果你想战胜它们,奉劝你分而治之,即让它们互斗。这样,你可以省很多力气,来拯救你的帝国。

*

歌德　杰出的作家,为人那么平易,很难想象他会写作。

*

木乃伊　在埃及,所有的木乃伊都是保守党的肢体。

*

原始的感觉　我猜想"*生命*"是通过一个伤口首次观察和看清周围的世界的。就本源而言,一切感觉都应该是永久留下的伤痕。

---

① 原文为拉丁语。

*

外表　我们在世界中同他人进行社会接触时所展现的外表,无非是一种婉言。

*

工作中的机器　工作中的机器发出的噪音表明它的缺陷度。但机器自以为那是激情奋发。

*

命运　即使我们采取对抗的防范措施,命运还是自行其是。换句话说,命运是能够解除我们全部武装的唯一力量。

*

论一种特殊的批判　对他人的批判一旦变得过于热情或者甚至动人,就很令人怀疑你也是在剜自己的肉。

*

慰藉　毛虫封闭在自身之中,重组原子,准备飞行。这种状态好似严重发作的忧郁症。

*

预言并非永远恰当　有时,因预言之力,历史进程成熟得比应有速度更快,犹如有了蛀虫的水果。所以,预言往往产生既加速又破坏历史进程的结果。

*

奥秘中的奥秘　绝对黑暗是我们不论睁眼或者闭眼都能同样清楚

地看见的唯一东西。

*

何谓形而上学思维？ 人能够在天上建造的一个桥头堡。

*

我们的本能 我们的本能乃是大自然借给我们而必须归还的资本。及时还债,切勿迫使大自然不得不查封你们的全部财产。

*

附加功能 除了某个人已经做过的事情,我们从来不能预见此人能够承担什么工作,也不能预见这些工作在特殊环境下所能具有的作用。银币从未梦想过自己能有为死人盖棺定论的分量。

*

装傻 最傻的傻子是哲学伪造的傻子。

*

剽窃大自然 据一个古老的轶闻记载,一群鸟扑向一位古代画家勾勒了几颗樱桃的一幅画,要以最轰动的方式揭发这个画家是剽窃者,但它们至少正在用翅膀为这件伟大的艺术创作鼓掌叫好。

*

梦 我们习惯把梦看作不知如何潜入我们生活的一些混乱的文本。对于懂得解读它们的人来说,却是我们醒时的生活所处的天生混沌的独一无二的清晰注脚。

＊

希腊奇迹　并非借助例外的途径，而是正常地实现的唯一"奇迹"。

＊

阴影　阴影确实很像黑暗，却是光明的女儿。

＊

伟大的慢功　写成一部诗是何等缓慢，又需要多少作者！它需要几年，几十年，或者可能几百年和几千年。犹如大海岸边的岩石在浪的拍击下磨平。在一部诗作完成的时间里，一个星球崩裂了，一个太阳熄灭了。

＊

需要更多的无人称动词　上帝或许只有通过"下雪"或"下雨"一类的无人称动词得到最大限度的准确表现。不幸的是，这样的动词像钻石一样稀缺。

＊

错误——器官　大人物的错误不是他们会不会陷入其中的错误。他们的错误是他们人格的名副其实的**器官**。

＊

受欢迎的挫折　在你确实依然相当强大时刻的一场挫折，将你置于身心极限，促使你神志清醒，乃是上帝赐予的礼物。

※

再谈十四行诗 十四行诗是在整个欧洲布满分支的一个意大利机构,犹如罗马教廷。

※

时间的停滞 我们用来迎接任何美的内心感觉之一,就是要时间的停滞。任何美都具有使我们片刻间相信能体验这种感觉的魅力。所以,美是一种召唤,促使我们去进行最不可能的冒险。

※

内在之气 一首诗要完美,丝毫也不能给人用物质器具外在地堆砌的印象。它必须使人觉得内在地一气呵成,犹如一个封闭的半透明玻璃器皿,匠人只用一口气吹成,随后屏息凝神,唯恐气息弄碎它。

※

补偿法则 墓志铭在演说,因为坟墓不会说话。

※

实验 "实验"就是对大自然进行审讯,实施逼供,强迫它招供。在这样的情况下,大自然一再顺着审讯者的意愿应答,也就不足为奇了。

※

美德的渐次升降 你可能在错误的道路上很有创意,而在正确的道路上举步维艰。

＊

艺术的最神秘的倾向　有人断言一切艺术倾向于成为"音乐"，或希望转变为"祈祷"。大谬不然。每一种艺术无不期望自己固有的特点登峰造极。

＊

自己雕像的拙劣模仿者　你们还没有注意到吗？任何一位演说家登上讲坛站立在听众面前时，都在模仿一尊雕像。

＊

对非理性的恐惧　害怕"非理性"的理性主义者，犹如有人做预算计划时唯恐超支。

＊

内省过度　照镜子时，切勿试图看自己如何呼吸吐气。否则，就会模糊镜面的清晰度，完全看不清你自己的模样。

＊

神学视野下的几何学　圆周是圆心的"光环"。

＊

世系　生物学的世系何其呆板，它的典范的代际关系根本不允许飞跃。在精神领域里，情况完全不同。在思想的世系中，一个母本观念可以直接生产一个孙辈观念。

＊

起源　注意到他的情人有两只眼睛、两瓣嘴唇、两个乳房，却只有一颗心脏的第一个诗人，发明了韵律，自杀身亡。

※

被解除的责任 所有执行意识潜规则的人，无一不是奉命行事。

※

一切野心的象征 大海每天涨潮，在其槽床中涨高一两米，随后又自行重新回落，有谁会怀疑它的隐蔽的本意是想青云直上，跨步登月？

※

最高级 任何最高级都是一个形容词的神话或传说。

※

辨别力 对于正派的人来说，顺从"时尚"翻云覆雨，无非是不予注意的一种方式。

※

条件反射 黑暗中，没有人害羞脸红。黑暗使我们免除在光天化日下不由自主流露出来的这种不自觉反应。

※

论作者 一个作者的天才及其品味之间没有任何必然联系。因此，天才未必永远也具备同他相配的品味。但有迹象表明，天才的真性往往为了获得成功而不顾其品味低下，遭人唾弃。

※

行话 在树木的语言里，地震被称作"根的风暴"。

可能的虔诚　虔诚可能是人的一切表现乃至罪恶中具有一定含量的因素。我是这种模糊的虔诚的一个信徒。

*

如何是好！　按照**字面**来理解一个规律、一个规范，意味着走上死板解释的路径；依据其**精神**来理解一个规律、一个规范，意味着向一切折中敞开大门。我们怎么办？

*

区别　没有任何浪漫主义因素的古典主义不是古典主义，而是学院派。

*

机体的"社会"难题　我们平等地为身体的一切器官提供营养。奇怪的是，却只有胃感觉到进食的直接满足。

*

艺术家部落　如果艺术的创作者——诗人、雕塑家等——就其天职而言是大自然的**竞争者**，那么势必假设大自然本身早就会把这些人的部落谋杀和消灭。艺术家今天依然存在，这个一目了然的事实证明，艺术家的天职不是做同大自然一样的事情！

*

睡眠　睡眠是我们生存的第二个半球：一个充满比醒着的半球落后几千年的古代景物和生活形式的半球。犹如澳大利亚与欧洲。任何一个睡下的欧洲人可以说："我去澳大利亚一游！"

※

独立的反面　机体中的一个*独立的*细胞乃是癌症之始。

※

再谈宗派主义　阳光在杀死鼹鼠时坚信自己是以阿波罗神的名义这样做。

※

耐性　信任"时间"这个我们生存的最神秘的延续！

※

对永恒性的渴望　昙花一现的事物期望看见它们的眼睛成为自己步入永恒的大门。

※

人的局限　为了实现其目的，大自然自有其独创的办法，包括极端的暴虐，以及种种公开的或者隐蔽的路子和手段。人可以欺骗大自然，愚弄它，超越它或者毁坏它。只有一件事是禁止的：仿效大自然。

※

自然生活与社会生活之间的差异　人的缺点在大自然中或许成为对人有害的东西，在社会中却能够成为具有创造性的东西。由此可以得出关于两类可能的生活的结论。由于人的天生的缺陷，他们的唯一出路不是像卢梭所鼓吹的那样回归自然，而恰恰相反，是他们的社会存在。

※

吹捧 各种"观念"永远踩着高跷行走,犹如那些满世界标榜自己,把头昂得有三层楼高的宣传家。

※

历史与史学 正在发生的历史永远比写成文字的历史更精彩。

※

生物学与宇宙志 人是唯一两足直立行走的动物:他可以被看作地球半径的延伸。其他一切动物则是地球的切线。

※

悲哀与安慰 盲人看不见光明,这对于他是一种悲哀;但他也看不见黑暗,这对于他归根结底应该是一种安慰。

※

精神的秘密 与其自身本质的阐释相比,精神保守着一个更大的秘密:它用来与物质联系的手段。

※

错误之命运 一个杰出人物的种种错误被其同道用两种方式进行开发:在此人活着时用来毁坏他的名誉;在他去世后用来标榜他的人格。

※

具有独创性的人 具有独创性的人是唯一有权像一枝百合花一样受到供奉而无需讲求实效的人,但恰恰是他比任何人更喜欢把自己的劳动看作一种荣誉。这就是说，只有富有独创性的人才能够成功地反对劳动的习常词义：存在着一种相当普遍的厌恶劳动的隐蔽情感，而通用的种种学说又肯定不能为之恢复名誉。

※

普罗米修斯　人发明了火，却自取其辱，杜撰是偷来的。

※

浪漫主义与技术　据说浪漫主义的精英们敌视技术。这些精英难道没有注意到，技术只因为它自身就是变成现实的童话，所以才消除我们生活中的童话吗？

※

诞生的记忆与死亡的恐惧　如果我们有初始和诞生的完美记忆，我们或许会感到死亡类似我们认识的一切事物，并非那么诡异。这样一种记忆或许能消除死亡的恐惧。

※

堂吉诃德　下凡拯救与风车作战的我们所有人的救世主。

※

无神论　可以假设无神论具有自己视为神圣的某种对应物。无神论不可能对断言它具有片面性的名声感到满意；它是对蕴含着特定的互动性状态的概括。任何一个无神论者都是上帝没有预料到的和不信任的造物。

※

悖论　不可言喻之物被推进到极点时发出的一声叫喊。

＊

我们自己可能是生活中最大的意外　极地冷空气的入侵释放出了水中潜藏的全部刚性。水在自己的生涯中没有遭遇过更大的意外。

＊

暧昧的忠诚　单凭对于自己的忠诚感而忠于她丈夫的一个女人,其实并不忠诚。

＊

大自然中的驯化物　水晶使我们懂得,即使具有无与伦比的隐蔽野性的物质也能成为驯化物。

＊

我们离一切泉源多么远！　我们只能把时间当作泉水饮用,不存在其他任何可饮之物。

＊

亚历山大·马其顿　请看他！在作为他的守护神的那个星辰眼里,从这里的马其顿山谷直至印度河畔始终陪伴它的使命无疑是一种无上荣耀。

＊

不恰当的胆怯　我们往往只因为胆怯而说蠢话,与"真理"渐行渐远。

＊

法律视角下的肉体与灵魂的关系　在肉体的王国里,灵魂享有

"治外法权"。

※

一个劝告　你与某人为敌人之前,先自问一下此举能否得到对方认同。因为,单方面的敌意可能就像单相思的爱情一样,热度渐减,令人心灰意懒。

※

解读记忆　解读记忆犹如在灰堆里洗澡,是自焚的一个很好的练习。

※

作为思想家的自我①　这个"自我"如真实存在,究竟是什么?来自何方?我回眸望他,他却像一个神一样躲避我。

※

有益的痛苦　一个痛苦无疑能够在道德上有益于感受痛苦的人。但越是懂得这个痛苦只是我个人的痛苦,就越是有益;越是了解它是大家共同的痛苦,其益处就越少。

※

不适当的希望　过分坚持和"求全"的奢望未必适当。斯芬克斯即是一个警示,告诫我们"全"只有通过**杂交**拼凑才能实现。

※

地平线　我们躯体的真皮即是地平线。

---

① 原文为拉丁语。

荆棘丛生的存在　将自己的皮肤看作一件禁锢衣，赶紧走进荆棘丛中把它脱去，犹如蜕皮的蛇。

*

克尔凯郭尔　宗教界的堂吉诃德。

*

谁篡夺博物馆的特权？　强求原创性的人。

*

局限　我们从来不能揭露与我们的认识、趣味、行为的局限相符的种种偏见，来解放自己。

*

大自然与梦游症　梦游症是大自然的一个普遍的基本状态。大自然的任何行为都仿佛行走在悬崖峭壁上。请悄悄地慢步行走。千万别惊醒它！

*

黄昏与晨曦　一个精神时代的衰落从来不仅是没落，而且是一个新时代的开始。如果在大自然的日志上黄昏和晨曦是非连续的交替现象，那么在精神的日志上它们是重合的。

*

硬化症　进入老年，我们的习惯像血管一样变得更加僵硬。只有主见变得较有弹性。但这种弹性也正是硬化症的一个征兆。

*

不应成为评价标准的东西 借助"效率",被邪念利用的理性与种种美德画上等号,或者甚至比美德更胜一筹。

*

帮助与监护 大自然借助据说是为了"帮助"我们而赋予我们的本能,把我们实际上置于它的永远监护之下,实施奴役。

*

千姿百态 上帝一旦爱上某个造物或人,他的目光立即牢牢盯住它,仿佛那是其自身之"美"。

*

品质 箴言只有在表达内心的假设时,才具备显证的品质。

*

最罕见的文体 有一种高级的幽默形式,使人既防止狂妄自大,又避免假意谦恭;或者说有时也使圣徒们舒展眉头的精神高尚的玩笑。没有这种玩笑,圣徒们总是板着面孔,活像一群动物。

*

花朵 花朵眼皮下藏着的不是眼睛,而是性腺。所以,它们从性的角度看待一切。有趣的是女人都选择花朵作为自己的象征。

*

唯一有效的自传 当我审视自己的生活道路时,可能会出现一个过去——我的过去,但不是像回忆向我展现的样子,而像占卜预言的形态。不过，为此必须容许我心中的诗人给我看手相。

*

界限　物化为一个作品的精神创作，乃是灵魂转世的一个开始。

*

美的暧昧　美无论如何并不像有人所说的那样赋予我们应有的无私精神，而是诱使掠夺的直接召唤。但就定义而言，它永远只提供进行这种掠夺的不充足条件。因而，在我们面对美所体验到的情感中，始终也夹杂着一种难以觉察的放弃的念头。

*

正名　任何类型的新古典主义的功劳在于为模仿精神正名。

*

个体　"个体"是类的一种释义。大自然只生产个体，所以也只进行释义。

*

堕落与成就　人在大自然中开始取得惊人的成就，但一旦认为天下一切事物天生受其支配，便开始役使天空和大地，从而成为孤家寡人，失去重心，走向堕落。

*

诠释者的使命　在"创造"一个观念与对它进行"诠释"之间存在着某种不相容性。一般说，作者不可能是他自己的最好的诠释者。有一句名言说得好，只有不足才是"创造者"。如果说一个作者需要自己的"不足"来造就他成为"创造者"，那么诠释者则相反，肩负着弥补作者创造能力上天生不足的使命。

※

文明 人用来消除意外惊奇的一个预见体系。

※

细节，整体的镜子 请注意号称太阳王的路易十四时代作家们的字句！每个句子中都存在词语的一目了然的、突出的高下等级，以激奋的重读词为中心构造阶梯状的曲折词义。唯一要求做作地说出口，而且似乎容许说出口的词句是："朕即国家！"

※

正字法的保留意见 按照一些怀有极度恐惧意识的圣徒的伦理观，把"魔鬼"写成大写，自然是一种罪恶。

※

创作与自由 对于不论何种精神创作来说，自由不仅是一个条件，而且是一个可以吸收的基质，犹如氧气。

※

人及其下坡路 人何其迅速地成为自己的创造物的奴隶！早有人预见，曾经是神的奴隶的人，终有一天将变成机器的奴隶。

※

追随与模仿 一个创作大家的可敬的追随者既放大他的缺点，又扩展他的优点。模仿者只增加他的缺点。

*

美　美永远是摩西不进去的希望之乡。

*

意识与实际结构　一个作家所具有的艺术意识与他的艺术创作的实际结构之间，有时可能走上直接相悖的道路。即使这个作家不是志大才疏的野心家，而是一个很有成就的天才，也是如此。就艺术意识而言，路易十四时代的名作家们是"古典化的"；就他们的艺术结构而言，则是"巴洛克"类型的。

*

逻辑提供假肢　三段论不是一个天生的思想器官，而是为遭遇截肢的思想提供的假肢。

*

佯装的界限　可以**一以贯之**地佯装热情、柔弱、有病、健康、勤奋、慷慨乃至精力充沛。只有智慧不能佯装。

*

假设　在动物身上，借助感官获得的知觉毋宁说是比"红"或"绿"等概念更丰富的情感状态；与其说是客体的征象，毋宁说是动物的主观情感。

*

宙斯的胜利　从混沌中创造宇宙的宙斯的最伟大的胜利是战胜自己。他甚至降伏了自己的才智，懂得他的天才是起来造他反的提坦的好兄弟。

※

汇合的河流 任何一条河都是多源的。

※

任何吸收的规范 精神的吸收自有其规则、途径、尺度和规范。空气是最有用的元素,但不能把它一口吞没。

※

困惑 如果像有人所断言,形而上学只是想象的产物,仅此而已,那么为何在这个领域里"杜撰"的新观念比其他任何领域都少?

※

诗人与灵感 我知道没有比此更棘手的两难境地。如果我折断它的翅膀,"灵感"就不再有灵性。如果我不折断它的翅膀,"灵感"就会从你身旁飞走。

※

色调与画 绘画技术中存在色调与画之间的非常易变的差距和差异。这种差距和差异时大时小,但同画的价值本身没有任何联系。可能发生的极端变化与两个重大错误相吻合。在简单技巧的画中,这样的差距与差异趋于无穷。而在所谓"纯画"中,类似的差距和差异趋于零。

※

哲学认识 "哲学认识"带来的不仅是认识的提高,而且是意识的升华。

※

发光陨石的同类　如果存在灵魂，那么我们就会像发光陨石一样。它们来自一切发光的星空，却只在地球上获得了自己的光。

※

平反　一个有同语反复的定义从逻辑的观点来说是错误，但从心理学的观点来说是一个图示化的、模糊的、指向性的定义，而食指在其中注定充当智者的角色。在不可定义的事物面前，这种方法几乎是自动产生的。

※

伪独立性　有些人为了表明自己的原创性和独立性，事事**站在你的对立面**。只能把他们看作你的寄生虫。

※

放浪形骸　没有一个诗人的诗是同诗女神缪斯结婚后的合法生子。浪漫主义者与放浪形骸的酒神狄俄尼索斯的女祭司们同居；古典主义者，则与法律女神同居。

※

自由观种种　奴隶与自由民的自由观或许同样都是正确的。只有过着寄生生活的人才陷入不可避免被曲解的自由观。

※

生命不成为典范的领域　生命早在几百万年前就发明了人用自己的智慧创造的一切：工具、机械、化学等等；当然，也包括人还将创造的一切，以及人永远不能发明的一切。但究竟为什么生命及其种种发明从来没有成为人的创造的典范？原因只能是一个：人不幸只在他们自己成功地造出了同样的东西之后，才发现生命的发明。

*

社会形态　既然在云彩的帝国里也建立了某种秩序，为何不能在历史中发现各种形态？有人惯常断言在历史中找到的种种"构造"，并不比哈姆莱特指着天上的云向波洛涅斯描绘的动物更可靠："那片云像一头骆驼，像一只银鼠，像一条鲸鱼，不是吗？"但自然科学家霍华德终究也在此确立了某种秩序。他把云划分成好几类：卷云，积云，雨云，层云。歌德何等热烈地为他鼓掌！

*

花儿的世界末日论　开花的果树从几十万个花萼中发出尖叫，表达自己的狂喜！何等伟大的光明化身！花儿彼此并不相识。只有"风"认识它们。嗡嗡叫的昆虫认识它们。管它什么燃烧着的罪恶之城索多玛与蛾摩拉！花朵把性反常升华到道德原则，把轻薄升华到普遍源泉。经过一天一夜的燃烧和狂饮，它们将烧毁凋零。

在转世再生时刻，花朵将怎样面对末日审判？它们将再现自己的全部美丽，绝不为自己辩解。但上帝将伸出自己的手欢迎它们。如果没有它们在场，没有它们的光环，上帝的帝国和权力将是什么样？

我不知道这个世界是不是人类的末日。但它肯定是花朵的一个末日。世界何等重要，却又难以形容地脆弱。

*

绝技　登峰造极的绝技艺不容许我们再发现任何潜在力量，这很令人恼火。

象征生理学　我们需要眼泪，以免眼睛干枯。

*

未知的财富　故乡的最大财富是月亮。

*

衰老的水仙花　今天依然把清澈的水面当作镜子自照，但以为从中看见的丑物只是镜中的一场风暴。

*

剑与男子汉　不沾血的剑犹如没有碰过女人的男子汉。前者遭到血的蔑视，后者则遭到女人的蔑视。

*

论爱情　如果我们的每个细胞变成心脏，就成为病人。但只有爱情用这种方式考验我们。

*

观念及其严酷性　面对准备为一个观念忍受痛苦或者甚至殉道的人，我始终有所怀疑和不解，因为在许多情况下，一旦环境有变，同样是这些人会不惜用任何手段，试图把自己的观念强加于人。即使犯罪也在所不惜。

*

母牛的意识　自以为是鲜花盛开原野里的最大和最美的花朵。

＊

论一个艺术作品的硬伤　一首诗或一件艺术作品中，一旦"精华"耗尽，那些二流的矫饰就会像死人的头发和指甲一样生长。

＊

条件　一首诗的最后一句也许永远不应该**押韵**。这行诗应该多少是悬虚的，因为只有这样抒情才能像一条河流一样保持开放。如果最后一行诗句作为某种韵律的产物出现，那么从中释出的抒情意境失之过泛，其力量之强使得这行诗失去任何韵味。

＊

伤口　伤口永远比我们身体更热。

＊

相遇　你在街上同某人相遇是同某种精灵的一次会面。但这并不让你害怕。

＊

移位的羞怯　女人一旦说真话，就会像空手去市场一样懊丧。

＊

有条件的歌唱　如果知道北极星和猎户座主神俄里翁不欣赏她的歌喉，夜莺或许不会歌唱。

＊

唯我论　"逻辑学"不能引用任何具有决定意义的论据，来批驳可能存在的一切哲学中最不可信的唯我论。我们还有什么理由运用它？

*

黑格尔辩证法　黑格尔辩证法概括了作为实在之绝对原则的"理念"所能够证明的一切骗术。

*

存在主义者　存在主义者是演绎"存在"的**演员**。

*

可模仿的作品　一个作者的艺术作品即使质量上乘，在多大程度上能被其他作者模仿，是大可争议的。模仿的作品犹如放大镜，突显原作的较为隐蔽的缺点。

*

野心　母鸡反复折腾着，在灰堆里打滚"浴火"。它大概听说过凤凰涅槃的故事。

*

艺术创作活动　艺术创作本身是一种深不可测的活动，用艺术家有意识地赋予作品的目的性来解释，是徒劳的，甚至不能说明其奥妙之万一。所以，你着手阐释艺术创造时，千万别受艺术家的种种废话诱惑。

*

青春的征象　只要你还懂得欣赏，就依然年轻；你有多大欣赏力，就有多年轻。

＊

为观念受苦 谁也不会剥夺你为自己的观念受苦的权利,因为那是你作为人所享有的权利中最具天赋色彩的。但强迫他人也为你的观念受苦,这种权利是大可怀疑的,实际上那始终是神的特权。

＊

观察的天赋 不论观察的天赋多么出众,我们不能仅凭这种天赋*发现*按照一种完满的理论观念所能发现的东西。

＊

怪事 一滴焦油和一个小小的污水坑就足以共同创造最美丽的彩虹。

＊

根 我们选择的职业或同我们的种种非分之想有一种隐蔽的内在联系。但正是由于这样的秘密联系,非分之想获得了消除的机会,而职业本身获得了注入使命内在潜力的机会。

＊

又一个应该授予的证书 一些热情奔放的思想家不惜任何代价坚持把思想置于一个理性的三段论的框架里。对于他们来说,诡辩成为讲话的永恒模式。但不能不承认,我们因此发现了诡辩能够找到的唯一遁词。

＊

何谓词语,任何词语? 沉默的一道伤口,别无其他。

*

影子　影子是光明赐予我们的一座小桥,让我们在某个时刻从上面走过去,度过最后的长夜。

沙漏篇

创世纪　人曾经是以地里的各种有甜味的根为食的动物；在谁也不觉得美的森林里用四肢爬行。人曾经是动物，没有思想，没有愿望，而且没有足够发达的灵性来梦想。人究竟是怎样产生的？

亲爱的朋友，谁能告诉我们？

这个动物在灌木丛里摸索前行，**有一次**找到了它的同类的头盖骨；他不胜惊奇，用爪子抓住这个头盖骨。你没有看见吗？他睁大眼睛，第一次用两条腿直立起来。他预感到地球上和其他任何地方都有一个看不见的敌人。他把头盖骨紧握在手里。一阵寒战从心灵深处升起，流遍全身，其力量之强竟然永远改变了他的眼睛、头脑和身体。

创造人的既不是上帝，也不是森林、平原或者大海，而是死亡的恐惧。人的第一个思想是自己的消亡；因此，至今他的种种思想无不带有日暮途穷的沉重和悲哀色彩。向日葵获得了注视太阳的形态；人具有的形态是注视死亡。

*

孪生兄弟　太阳每天升起。在我的生命开始之日，它重新升起；在你的生命开始之日，它也重新升起。所以，任何人都有权说："我和太阳是孪生兄弟。"

*

树与人　存在一种高等植物。任何一个大诗人的心灵在出生前都想成为一棵树，却只能生成一个人。所以，他的思想与花儿那么相像。

*

不安稳的星星　我下沉到今日焦躁的尘世，仿佛见到"新人"如何紧握痛苦的拳头捶打"混沌"。尼采说："从混沌中永远产生不安稳的星星。"因此，新人应更加一把劲：继续捶打你的面团。痛苦的面团……

*

没有发生的一件美事　如果作为人类鼻祖的亚当对当今时代有悲观的看法，或许会吊死在知识树上。

附带要说的另一个想法是：夏娃或许会保存亚当上吊的麻绳，盼望余生幸运。

*

形而上学概要　据说，只能有两种思考事情的方式：合符逻辑和不合符逻辑。我相信第三种可能性：灾难论。现实具有灾难性，亦即现实在神的荒诞启示中行进，而你闪电般猜测自己不能领会的其中至高意义。对于我来说，"灾难论"应成为基本的、原创的核心概念，犹如实体、观念、意志、无意识或者持续的创造在其他人心目中的地位。但归根结底，没有一种观念是定论；人的视线是一条圣带，在它审视下，一切事物永远还有应该忏悔的秘密。

*

写在时代的边缘　当前的欧洲在一股神秘主义的思潮控制下。毫无疑问，这种神秘主义对于精确科学有着无可估量的含义：在对于**精确**科学"各种潜力被流放"的时刻，在它们中间唤起一切皆有**可能**的认知力。

*

沙漠中的种子　老天在地上播种星星已经几千年，地上却没有长出一片蓝天。

*

静止　一个智者连续几个月一动不动沉思冥想,眼见一根常春藤在他周围曲折缠绕,攀高成长,不由得自言自语道:"人没有不死的灵魂,但终有一天会有。必须创造不死的灵魂,否则他怎能征服猎户星座或者昴宿星团?"

*

不变性公设　分辨一个人气质的各种特点之间的差别是不可能的。我们认为属于某个人气质的一个特点如果改变,那么这个特点肯定不属于气质,而是习得的习性,或者某些内在或外部的暂时条件的产物。

*

是谁?　不用诗,而用星座献给美女的始作俑者是谁?请问,究竟是谁?

*

虚假的白银之路　蜗牛必定要在经过之处留下痕迹,为的是走到终点后能够宣告没有白活。

*

逻辑段　相近的属不作区别。举例来说:**传染病**的形态既包括"鼠疫",也包括"恶作剧"。

*

表面现象欺骗人　在一个文本的字母集合体中,带星号的词未必是一个最突出的词。

＊

再谈绝对的一个悖论　地球上所有的水源无不忙于为海洋解渴。海洋也只是水,却是永不知足的水。

＊

自在之物与贯穿自身之物　海洋是痛苦的,但痛苦是它固有的气质。并非来自外部,既非源于使它增大的水,也非因为使它受伤的大气现象。

＊

记号　你在闪电光下看到的一切无不属于你自己。

＊

另一个视角下的我们的骨头　将要吞噬我们的蛆虫当然自以为它们在帮我们培训,揭示我们身体中*最*精华和*最*坚实的东西。

＊

烛光周围的飞蛾　没有一个天使不是因为缺乏经验而至少经历过一次被上帝的火炬烧着翅膀。所有的精灵都需要经验。

＊

寄生的繁荣　树叶凋零,树木干枯,树杈上的槲寄生却依然一片青绿:"我是植物王国永不消失的旗帜!"

＊

风格　整体隐蔽地出现于细节之中;因此,需要同细节保持一定距离。

＊

这件事也是可能的　有什么比你把自己出卖给魔鬼更应该受到谴责的事情？把你自己出卖给上帝。

＊

模仿者的自我陶醉　模仿者在迫使你转身背弃他们之前，是不会安稳的。

＊

老祖宗之罪　人类两位始祖吃了一个没有熟的苹果，酸倒了所有后代的牙齿。

＊

混沌，一个条件　只有心中存有初始混沌的若干元素的人，才受命创造某种新宇宙。

＊

伟大的战栗　我们一生关注着死亡，正如大兴土木建造金字塔的法老们一样。在任何作品中都有一座隐蔽的金字塔。

＊

世俗化　科学最终将假设任何事物都存在"二律背反"，尽管神学家断定这是只有上帝本人才拥之物。

＊

地平线　极目远望，任何地方唯见深渊。

*

我们的自由　我们的自由是一出戏，命运女神也因观看它变成了宿命论者。

*

心理学　在一尊希腊雕像面前，所有的女人都觉得自己是赤裸的。

*

哲学与科学　哲学太少通过其对象的"伸展面"来定义自身。"哲学研究"并非像人们所说的那样只是思考存在的全貌，而主要是夸大局部或一个侧面，造成以偏概全。这种状况促使我们不能把整个科学视为哲学的对等物。

*

飞跃　从"论断"到"形而上学"的飞跃有时看来只是一个细枝末节问题，尽管号称飞跃。"未知"是一个论断。"不可知"是一个形而上学命题。

*

自传的箴言　月亮只向我们展示它的一面，另一面从来见不到，尽管另一面的存在是一个不言自明的几何学常识。卢齐安·布拉加出现在月亮变成一切事物的象征之日。

*

神明　神秘主义者死后进去，又活着出来的一个火葬场。

*

无意识 无意识是留在我们体内又不愿变老的一个孩子。它不但时时活动，而且调皮捣蛋。

*

一个应该被推向边缘的问题 拯救问题只是对于精神在这样或那样程度上贫乏的人来说，可能变成十分迫切、严重的中心问题。具有创造性的人通过使命感把它彻底排除。

*

拯救问题 将死搬进生，将生搬进死，按照连通器原理将生和死连在一起。归根结底，这就是提出拯救问题的居心不良的大野心家们想干的勾当。

*

论诗的一个秘密 据说，诗是一门词语的艺术。但诗只有在也是无语的艺术的情况下，才是词语的艺术。确实，沉默应该在诗中到处可见，正如死亡不断出现在生活中。

*

历史的标准 一种哲学只有在女人开始对它感兴趣时，才变得"时髦"。

*

想象的力量 一个"想象"从来不是或好或坏的"论据"，但可能是一个或好或坏的"辩护词"。

✱

进化观　好不奇怪！"进化观"首先出现在致力于词源正字法的民族——法国人和英国人中间。

✱

最后的问题　对于最后的、最深刻的问题，现实只用这些问题的回声作答。但有谁相信回声是一个答案？

✱

大家族　人来自萤火虫的大家族：一条蠕虫恋爱时变成了光明。

✱

异议　海德格尔将存在置于"无"之中。但"无中的存在"只是上帝创世前的存在。

✱

最模棱两可的词　在任何一种语言里，最模棱两可的词就是"是"。

✱

各不相同的人　西方人（克尔凯郭尔、海德格尔、萨特）心存"深渊"，东方人（老子、陀思妥耶夫斯基小说中的主人翁阿廖沙·卡拉马佐夫）有"深度"。

✱

论历史　希腊神话中的冥界哈迪斯，在某种形式下继续存在过去曾经有过而今天不复存在的一切。以过去作为对象的历史莫非是叙述哈德斯的科学?

*

无神论者 确实,只有不爱世界上任何人和任何东西的人才是无神论者。

*

提示 形而上学的真正始作俑者而今哑然失声。

*

衰老的方式 人可能有两种方式走向衰老,那就是:或是变得越来越像一只猴子,或是沦为越来越像一尊雕像。

*

狗与完美无缺 狗看见一颗彗星,勾起了在尾巴下嗅它的欲念。

*

创造与爱 创造与爱是相互联系和制约的激情,两者的这种联系和制约方式是其他激情所没有的。但同时,创造的激情和爱的激情都决心争先居于首位,各自谋求在生活意义的建构中吸引最高度的关注。将这种最高度的关注给予爱是女性特征的标志,而把重点置于创造上则是男性雄风的标志。

*

将风组织起来 笛子的乐曲是组织起来的风。

*

众口一词的赞歌 青草在田野上长到姑娘的秀腿一样高时,万物都大唱颂歌，赞美它的翠绿和美丽。只有蝈蝈儿似乎反对："我们没有好嗓子！"天上有人回答说："用你们的翅膀歌唱！"大地也困惑不解："我没有言语！"不知是谁鼓动它道："用泉水歌唱！"

*

关于人的寓言 号称古希腊七贤之一的哲学家泰勒斯说："万物皆由水生成！"米利都的所有酒店老板联手提起诉讼，控告他犯有诬陷罪。

*

花儿 在它们的国度里没有风就没有上帝。花儿这样想，因为它们习惯于用繁殖和结果的眼光看待一切。

*

异化与重逢 你若过于孤独，就远离你的自我。同其他人在一起，你不但可以重新找到自我，而且使它变得格外亲切。

*

驯兽师 最伟大的驯兽师是数学家。他们驯化了无限。

*

七大奇迹 世界的七大奇迹是七种颜色。

*

论失败 果树在死前坚持再开一次花，却不结果。对于人来说，失败是开始，而在大自然中，具有结束的意义。

*

困难 发现藏在阳光背后的东西比发现藏在黑暗中的东西要难得多。

*

完美与脆弱 你看见的星星是一个世界……你在眼睑之间把它弄碎了。

*

智慧的寓言 一束光落下,在湖面的水波中折断。鳟鱼一跃而起,用嘴把它叼住。

*

沉默 一切事物是多么神秘!遇到它们时,跟它们打招呼,它们却不理睬我。

*

无中之变 没有任何东西能比我们没有达到的目的更深刻地改变我们的生活。

*

冬与夏 冬是一个本体的季节,是自在之物、隐藏在自身之中的事物的季节;夏是现象的季节,是为我们之物、外露之物的季节。

*

死亡之始 你在任何一个活动领域不能再超越自己之时,就是死亡之始。

※

一贯性 一贯性有其特有的那种魔鬼般的色彩。即使神明实施之时,也是如此。

※

自主性 每棵树都自得地把王冠戴在自己头上,俨然好似拿破仑。

※

节律 大自然有永远同样的节律。历史似乎正日益加快自己的节律。你只需略作思考就会了然于心:而今在美国,在莫斯科和长江之滨有多少惊天大事正在发生,而蟋蟀兀自在它的史前洞穴里歌唱!

※

形而上学家 形而上学家是想把所有的水注入家里的水缸而疏导万泉的人。

※

界限 很少有人过去和现在上升到他们领袖人物的高位!

※

枉费口舌 举国一致,高举拳头,气壮山河地开始高喊:"彩虹不能吃!彩虹对我们无益!"

※

心爱姑娘的完美 心爱姑娘的完美在这个世界上自始至终被赞美得超乎一切,无异于把莳萝、香薄荷叶、猪肉和卷心菜一股脑儿说得美若天仙！

*

心爱姑娘的诗句　对于一个恋爱中的小伙来说，"世界"无非是心爱姑娘的一句诗。

*

神话　神话无疑是想象的产物，但同其所暗示的现实相比，它们证明了某些公理的涵义。

*

实用　实用的东西并非为人服务，而是为人中的动物服务。

*

异数　从动物特性的视角来判断，即在大自然的严格的框架内来判断，人是一个异数。惟其如此，无论如何不能对人说："回归自然！"

*

哈姆莱特　哈姆莱特的悲剧是一场独白的**外在**投影。

*

以爱的名义　以爱的名义对待亲人，要求我们每一步都为他人的"利己主义"工作并做出牺牲。但这并非是在长满百合花的圣山上传道的耶稣说话的本意。

*

天堂大门上的题铭　"光明产生罪孽。"

✽

连通器　历史与乌托邦是连通器。

✽

最大的暴君　在人类社会中,"真理"一旦在某时某地出现,或成为人类历史上从未有过的暴君。

✽

简单的评注　天赋对于一个民族的精神犹如惯用语对于其语言。

✽

持久战　诗人与词语不断斗争,犹如以色列人始祖雅各与天使之战。

✽

论心脏及其他　心脏是我们存在的中心,但不是肉体的中心。试看论据(如果还需要论据的话):我们的存在不能混同于肉体。

✽

为理想而斗争　在任何为理想而战的斗争中,混杂多少不现实的条件和多少空想的因素!期间发生的一切仿佛你想把自己的动产和不动产等全部物质财富遗赠给一个天使。

✽

为了达到自觉　要达到自觉,光靠自我完美是不够的;你必须为此先超越自己。

＊

生与死之间的距离　惰性的无机体适应环境，一点点销蚀，就像将沉积物沉淀在河谷里的山一样。充满活力的机体适应环境，乃是为了保持其天生的精华。这一差别标志着生与死之间的距离。

＊

巴洛克　巴洛克是云的风格。

＊

美　一个漂亮的姑娘是我们透过她凝望天堂的窗口。

＊

不同的事实　我从书中读到，可以把信号发射到月球并以回声形式传回地球。这是人将变得空前强大的第一个物质证明：人不仅是地球人，而且是宇宙人。

＊

口号种种　我听见有人喊："打倒非党诗人！"这如同在喊："云彩不站在我们一边，打倒云彩！"

＊

完美创造的合作者　任何艺术中，完美创作的最有效的合作者是永不自满的高超技艺。

＊

关于绝技的又一个评注　一个超常的绝技一旦成为精神上的东西，就会使我们感到不快。这是为什么？因为，这种绝技是一个信号，说明精神已经被不属于它的东西侵袭和制服。

※

心理分析 你手拿一枝玫瑰。突然产生剥光它的花瓣的欲念。在手指这样做背后隐藏的愿望是，在花瓣底下发现姑娘的胴体。

※

事物及其重要意义 任何事物都可能获得某种重要意义。譬如说这个圆圆的小水洼：天上的星星几百万年来在宇宙中寻找着一面镜子……终于找到了它。

※

利益与真诚 夹杂在种种细琐而无谓的利益中间，我们的真诚很容易显得格格不入。只有循着以基本的天性为基础的我们的重大利益的线索，才能重新发现真诚。

※

宗派主义者 宗派主义者倾向于把一切不属于他的信仰归并为一个公分母，把另一个宗派看作世界的余数。

※

微妙的物质 地球上最微妙的东西是眼睑：一种保护影像之魂的造物。

※

另一种光 还存在另一种光。一种不断照耀着任何地方的光。一种穿透我们，从不容许产生阴影的光。

*

现实的深度　现实的诸多维度只有先知才能解读。

*

下凡　上帝选派天使们从天上下凡到人间时,手里只剩一把麸皮。好东西都已经落到人间。

*

论哲学　就其原理和基础而言,哲学永远是某种宣言性质的东西。而一个哲学家的最终论据如同法国国王们赦令和宣言结尾用语:"……因为,此乃朕之所愿。"

*

盲信　一块石头坚持朝同一方向以同样的速度运动,乃出于它的盲信。任何性质的盲信归根结底是否一种机械论的征兆?

*

单子　按照莱布尼茨的意思,单子是以某种独特的方式反映宇宙的一个精神单位。按照这样的涵义,所有的孩子都是单子。但除了童年,单子只剩下天才们。

*

在西班牙旅行　天使们从天上下凡,在此地变为风磨。至于他们在其他地方变成何物,我们将在走向死亡之地发现。

*

身体与空间　尸体恰好占据其应有的空间。但活着的身躯浪费多少空间！可以假设，浪费空间是构成生活定义的一个元素。

※

指导 诗人力图将他想写的一首诗的全部内容转换成词语，结果使之毁于一旦。在一首初具形态的诗面前，诗人必须突然变成一个异常沉默的人。

※

真理的定义 就其同人的相对关系而言，真理依次被看作或是一种精神功能（具有人的一般结构），或是一种生命功能（具有生物结构），或是一种人格功能（具有个性的结构），或是一种"气场"功能（具有历史的结构），或是任何人所固有的一种权力意志功能。

※

谦虚 地球是一颗星，不知道这一点该有多好！

※

健康的睡眠 如果你能以最偶见的姿势，譬如说像倒在战场上的战士的姿势睡觉，说明你有健康的睡眠。

※

党派与美 明月东升应该废除，因为这对党派毫无用处。

※

伟大的无名英雄 自古以来，从创世之初迄今，人都有一个名字。在人间和天上发现的最美的名字要数跳拜年舞时吆喝的"喜来，来来来"。天使们没有发现它。罗马尼亚人却发现了它。

*

最短的自传　我生于一八九五年,那一年发现了 X 光,为我们的不透明的世界带来了透视。

*

陶土　陶土,你曾一度有少女的美貌和微笑,你的鲜活的身影漫步在我度过了白昼和星夜的空间。你的名字曾经叫做圣女贞德。

*

切勿夸张　星星确实每夜穿透我们的眼睛;但这难道意味着我们真的是它们的受害者?

*

十足的暴行　这只蝴蝶强暴鲜花,把它的整个身体侵入其间,仿佛进入坟墓。严重的饥饿,情欲的痴迷和死亡的渴望混合成一场十足的暴行。

*

衰退的悲哀　鸡和它们的同类回想起自己曾经是飞禽,但只在黄昏时分。那时,只有在那时,它们扑腾着飞上树枝,带着对于它们的黄金时代的思念进入梦乡。

*

爱情　爱情是给予我们神奇健康感的一种病态。

*

艺术与劳动　坚持艺术创作是一种单纯的"劳动"方式这个论

点,意味着打算建立一个平台,以组织艺术家工会,或者至少澄清艺术的创造活动。

*

任何词所代表的概念 借助词语,我们能够比没有词语更准确得多地思考自己的想法。自然是这样,因为通过任何词语帮助我们确立的概念,我们在表达活动中得到千百万人的有效合作。

*

评论 身体流的是汗。只有精神流的是血。

*

认识与宇宙的奥秘 绝对的黑暗是我们不论睁着眼或是闭着眼都同样清楚地看见的唯一东西。

*

恋人的痴迷 亲爱的,即使雷电击中你的头顶,也不会把你劈死。或许只是击碎你的衣服,赤露你的身体。

*

假虔诚 栎树说:"我不像银杉,头顶上没有十字架!"

*

虚假的展望 水制造了一个冰壳。如果水是活的,我或许会说*避开*寒流。

*

内在地构建 一首诗要写得出色,丝毫也不能使人感觉是用物质手段外在地堆砌的。它必须仿佛不用可触摸的工具内在地构建的。就像一口气吹成的一个封闭而半透明的玻璃器皿，一旦成形，立即停止吹气，以免把它吹爆。

※

瞬间的哲学　眼前的瞬间是替代消逝瞬间的一个新的存在，抑或眼前的瞬间只是一条看不见的线上的同一个恒定的点的移位？

※

哲学家们　试图赋予论证更多盖然性的人。

※

天性　我们的天性是大自然借贷给我们的资本，但我们也必须把它还给大自然。

※

尤里乌斯·恺撒　我们知道他曾经是罗马皇帝，却通常忘记了他还是教皇。

※

为朱庇特效劳　水晶是打败混沌的第一次胜利。

※

向后转！　最近几十年听到种种冒充救世的口号，诸如："回归康德！""回归希腊人！""回归埃及人！"等等。这些口号无异于精神领域里的某些评审委员会建议我们暂且回到母亲的怀里！

※

性感的模特儿　总是用手抚摸胸口,犹如一只死蛤蟆。

※

记忆与圣灵　圣灵永远同得到他启示者的记忆发生冲突。

※

死亡与偏见的顽抗　偏见一旦被揭露,或许其纯粹的和公开的形式会消失;但它们作为某些不仅是偏见的观念的内涵,顽固地保存着。

※

博物馆　博物馆很少说话。通常,它们像天鹅一般沉默。

※

蜕皮　蛇说:"在我看来,即使我自己的皮也是一件拘束衣。"芒刺在背,一蜕为快。

※

难忘的顶峰　亚当和夏娃在天堂相识。至今继续在天堂彼此相识的……是亚当的儿子、孙子和夏娃的女儿、孙女。

※

只有夜是促进生长的　任何种类的种子永远都是埋藏着的。植物、动物和精神界的种子体现难以言表的各种力的平衡,这种平衡是如此敏感,以致必须避光。

※

一个超弗洛伊德的表述 "我羞得想钻进地底!"有这样感觉的人勾画了一种完全的自我抑制行为。期望中的遗忘具有死亡的维度。

※

人 人不仅是大自然的产物,而且也是人自身的产物。因此,人至少部分是**本因**①。

※

泛神论与社交活动 泛神论是一种哲学,将上帝想象为沉迷于俗世的一个存在。赋予上帝的这种喜欢社交的属性可以视为任何种类的社交活动的一个最佳辩护。

※

风景与风景诗 借助落在自然景色上的尘埃,风景变不成风景诗。

※

人格是一个天赐礼物 将你的名字变成一个富有魔力称谓的天赐礼物。

※

白杨 上帝在写景时打上的一个惊叹号。在高度与深度、"是"与"否"之间,上帝经常有机会表达自己的惊奇。

---

① 原文为拉丁语。

*

诗与散文 一首诗中，你只需强调一个词就足以把它变成散文。

*

大洪水 不要忘记，末日审判的总排演已经进行过！

*

突起 每个事物都有*它的*特殊形式的"通道"。太阳有光的通道。

*

幻想 幻想是我们用来掩盖自己的思想完全缺乏权威的一个婉辞。

*

上帝的图解符号 上帝以一个问号（？）的形式出现在我们心中，当他接近我们时，又换成惊叹号（！）的面貌。也就是说，上帝不是问题，就是命令。

*

美感 面对美，你感到自己是在拿生命当赌注，却心甘情愿。

*

考古学的象征 一个考古学家问我，能为考古学找到何种象征。我建议：鼹鼠。

✳

自然界的弱者，人类的强者　确实，自然界像对待一个异体那样生来排斥人类的任何诡辩。但同样确实的是，一个诡辩能够摧毁一个国家，毁灭一个帝国。

✳

精神与物质　精神与物质两次相遇：第一次在形而上学的实在领域，第二次在精神的框架内。如果物质或能第三次与精神相遇，亦即在其自身的框架内相遇，那么它或不复是单纯的物质。

✳

雕像　提供给惰性物质的一个机会，说服我们相信它也有一颗跳动的心。

✳

最大的沮丧　一只越海飞行的鸟飞累了，以为可以停靠在一束阳光上小憩，像在树枝上一样。

✳

时间　人强迫自己接受的耐力。

✳

肚脐　我们获得了生命，开始生活，却不可避免带着一个伤口。

✳

一个托词　哲学的最大憧憬永不成为哲学。只需借助这个托词，哲学每次被送上被告席，都能迎刃而解，重新获得自由。

※

数学家们没有想过的一件事　对于晶体来说，几何是一张合法证书。

※

篡权者　力求原创性的人篡夺了文艺九女神缪斯的特权。

※

怪兽的活力　一个形象的象征性活力，有时恰恰是因为这样的形象不可能在经验领域里存在而得到保障。古希腊神话中的种种怪兽形象即是一个明证。

异端篇

自传：我毕生谋求把平原抬升到哥特高原的高度，清除河流的淤泥，使河水像清泉一样明澈，把习以为常的事情升华到神话的高度，为经验戴上闪耀着形而上学光环的桂冠，剥去任何人的伪装直至亮出"理念"，将城市的污浊的氧气改造成森林和山地牧场的臭氧。

*

"活在山地牧场，逍遥赛过天堂。"这是罗马尼亚人生存和历史的基本韵律。

*

在安全性和准确性方面狂热追求效能的我们这样一个时代，在房内溜达的梦游者依然不改自己的运动习性，实在令人惊奇。

*

木匠以为钻石要发光，必得用刨来加工。

*

随着时间推移，一个铁砧获得了敲击它的所有铁锤的强度。

*

凡是辩证法说"质的飞跃"之处，神学家说是"奇迹"。但这两个词中的任何一个都不比另一个更有助于解"惑"。

*

逻辑没有一点诗情画意。诡辩有时却为逻辑提供这种机会。
诡辩还有其他特点。有时它帮助逻辑走出同义反复的陷阱。

*

有些品德高尚的人依据他们所从事的各个领域的重要程度来发挥自己的道德感化力。这种道德意识的弹性比僵化说教更可取。

*

我们的大作家图多尔·阿尔盖齐①的作品是词的一个迷宫，而不是实体建筑。

*

从事演艺和朗诵艺术教育的人必须注意观察。理性的人用咽喉和颅腔说话，感性的人用整个身体说话。

*

死刑永远是"国家理性"之罪。

*

任何外国语对于我们的听觉都能变得很"美"，不论最初我们或许觉得多么刺耳或者烦躁。一种语言通过两条路径获得"美"：一是通过诗来理解其中的创意；二是聆听使用这种语言的民族的美女们吐字发音。任何语言都有自身吸收它所孕育的诗的美和使用它的女性的美的天赋。

*

几十年来，我反复阅读席勒的《钟之歌》。我毫不惊奇德国浪漫

---

① 图多尔·阿尔盖齐（1880—1967）罗马尼亚作家、诗人，罗马尼亚科学院院士。本名扬·N. 特奥多雷斯库。

主义戏谑女神贝蒂娜·布伦坦诺·冯·阿尔尼姆在聆听《钟之歌》朗诵时笑得前仰后合。在这部漫无边际的长诗中,富有诗意的只有那一句耳熟能详的中世纪拉丁格言:"*我拥抱活人,哭泣死人,折断闪电。*"①

*

我们深感自己毫无能力从"道德的"观点解决严格的科学问题。我们一旦不这样做,人类或许将毁灭。

*

有些人不断自我实现或者天生处变不惊。这些人正在创造历史。

*

命运是某个人在昨天描写我们的明天的一个标题。

*

大自然不仅用叶绿素、分子和有机细胞组成植物。严寒时节,你只要对着窗呵一口气,在玻璃上蒙上一层水雾,立即可以看到面前出现了一个白色的冰雪丛林。难道生命的模板也是由高踞生命之上或隐伏其下的彼岸主宰的吗?这或许意味着我们挥之不去的幽灵比我们一般默认的更强大。

*

单向运动的东西永远不是意识。

---

① 原文为拉丁语。

＊

亚历山大大帝①的石棺怎么会消失得无影无踪？这难道不是一个证明，告诉我们历史不仅是记忆，而且是遗忘吗？也就是说，记忆与遗忘两者的剂量必然是经过仔细权衡的。

＊

一个比较，一个影像，不成其为论据。有人对我们这样说。诚然，影像从来不可能是一个"论据"，却比论据无限丰富。诗人从一个影像中创造整个世界。

＊

美德对于人来说是无悔地走向衰老的众多激励。

＊

"爱并随愿行事！"我记得这是圣奥古斯丁所说。这位思想家用五六个字就从一个"实体"成功演绎出全部形式主义道德，康德在《实践理性批判》中用了几百页的篇幅也没有做到。

＊

我重读两次世界大战之间出版的一本法国诗选，不由得惊诧于无序在当时艺术中影响之广。诚然，也应该承认无序具有某种合法权利，但只是在这样的意义上：无序可能创造的源泉，却不是它的目的。

---

① 即亚历山大·马其顿（公元前356—323），马其顿和希腊国王（公元前336—323），率师多次打败波斯帝国军队，横扫小亚细亚，征服巴比伦、埃及，直抵印度河畔。公元前323年死于巴比伦。

*

剂量适度，富有创造性的艺术家，一切适度！任何一个艺术家或许应该做一段药房实习生。

*

一个把全部信仰专注于某种教义的人，自以为是得到拯救的人。在我看来，那是一个迷失的人。

*

耶稣在一个特定的环境中责备使徒彼得道："撒旦，退我后边去吧！你是绊我脚的！"因为，众所周知，在一夜的时间里，彼得三次抛弃他的导师。但耶稣终究依靠这块"磐石"建立起了教会①。这听来很荒谬，不是吗？但这只是从普通心理学的观点来看。耶稣比二十世纪所有普通心理学家更懂得潜意识心理学。

*

一切神话都有闪电的本质。但你期望在神话和夜间雷电的闪光下看清细节，那就错了。

*

任何形而上学都是借助哲学手段发展起来的神话。能够给予一个形而上学家的最好的劝告是切勿将自己的观点发展过头。

*

形而上学家面对任何诱惑，应该始终是谱写一部独一无二的诗篇

---

① 参见《圣经》《马太福音》16：13~23。

的诗人。

※

号称太阳王的法国国王路易十四从不洗澡,据说只有圣水才能用于这个目的。于是,他的假发滋生出各种昆虫,堪与一个货真价实的动物园媲美。不过,他终究创造了一部辉煌的历史和顶尖的文化,可以说举世无双。

※

用"永恒"这个词可以修饰许多花言巧语。但很少能做成诗……

※

立法者应该规范的不是服从的精神,而是人们中间存在着的自由精神。

※

人只是由于神人同形学说,才亲近宇宙并成功地生活在其中,视若亲密的家庭环境。

※

历史学家一旦成为政治家,常常十分正确地猜测其所处时代的各种运动的走向,但对于正在展开中的进程的周期,他们的看法陷入严重错误。我们的大历史学家迪米特里耶·康特米尔①预见到了奥斯曼帝国的衰落,却错误地估计其未来的历史周期约为一两百年。康特米尔坚信奥斯曼帝国的灭亡是注定的。

*

就其天性而言,人觉得在陌生人中间比在熟人中间更加自在。

*

一个象征具有自身的突出特征。一个需要证明的象征是站不住脚的。

*

有些人的脸是他们为人的奖章。也有些人的脸却是奖章的背面。

*

从来没有任何一种新观念是由单独一个人创立的。历来至少有一个人预创其雏形,另一个人提出其完形,第三个人再把它毁形。

*

"翻译"意味着"兼并"。一个民族可能兼并另一个民族,把这个民族的文学译成自己的语言。这是一种高尚和优雅的兼并形式。被兼并的民族没有失去任何东西,而进行兼并的民族得以成长并提高。

---

① 迪米特里耶·康特米尔(1673—1723),罗马尼亚人文主义学者,出生于摩尔多瓦著名贵族家庭,两度任摩尔多瓦大公(1693年3-4月;1710—1711年),为了摆脱奥斯曼帝国统治,取得摩尔多瓦独立,曾与彼得大帝结盟,兵败后,流亡俄国,任彼得大帝顾问。1714年当选为柏林科学院院士,著有《奥斯曼帝国史》、《罗马-摩尔多瓦-瓦拉几亚人古代编年史》和《摩尔多瓦写实》等,并先后被译成法语、俄语、英语和德语。

*

相信某种教条的人丧失了评价思想的正确准则。

*

各种不同哲学提出的所有劝告都可以归结为一句话:"按照因果的观点,而不是偶然机缘的观点生活!"

*

从对于本能和习性所造成的各种所谓可耻行径的对比或者补偿的观点来看,同性恋者无论在生活的种种外在形式上,抑或在他们内在的精神取向方面,表现出一种强烈的唯美主义倾向。

*

我记得青春年代收到过尤利乌·马尼乌①寄来的关于个人问题的一张明信片。字里行间显示出极其真诚的友情。片刻后,我重读时,发现在字母"i"上都缺一个"点"。通过表面看来无关紧要的细节,一个人的人格特征可能展露无遗,这确实令人诧异。

*

数学并非以同一律,而是以同一性方式表达的同价律为基础。这个基础从科学的观点来看是必然的－创造性的,从逻辑的观点来看却是荒唐的。

---

① 尤利乌·马尼乌(1873—1953),罗马尼亚政治家,先后担任特兰西瓦尼亚领导委员会主席(1918—1920),罗马尼亚民族党主席(1918—1926),国家农民党主席(1926—1933)。

*

没有任何东西比恐惧"异端"更能产生那么多"异端"。

*

无神论反对流行的各种宗教,对此我冷静旁观。无神论反对最广泛和最深刻意义上的"诗",我不能视若无睹,听之任之。

*

各种纯粹的理论问题显然不能用武器和战争来解决。我们时代的人却也受到这种最荒谬的意图诱惑。

*

我们的时代成功地把不言自明的事情变成疑云重重的事情。

*

所有的人都是妖精:白天是人,夜里是狼。

*

富有天才的哲学家们在思考诗和一般艺术时,通常受到从他们的哲学中派生出来的观点诱惑,而很少从诗和艺术的视角来考虑。由于这个原因,黑格尔或者叔本华的美学陷入多少错误!最伟大的哲学家们对艺术的论述,过于天真,过于荒谬。如果哲学在思考艺术时能够虚心接受劝告,那么或许能获得一种比较正确的艺术哲学。一种哲学若不能成为艺术的侍女,切勿去碰美学。一种哲学若不能变成艺术的侍女,将不可挽回地走上荒谬之路。

*

我们为如何组织我们的时间烦恼。也为如何耗散我们的时间忧虑。

*

难道蜗牛生来为了展现大自然的奇妙？它们眼睛生在犄角顶上，"家"却背在背上。

*

耶稣期待新信徒们为了他而抛弃自己的母亲、兄弟和姐妹。精神上的不妥协性常常导致这样一种违反人性的人道主义。

*

精神更经常地转化为"反精神"，而不是"无精神"。

*

两个对手之间进行斗争的精神境界永远低于两个敌对者之间的最高精神境界。

*

有一种神秘主义以"规律"概念为基础，还有一种神秘主义以"奇迹"观念为基础。

就观念形成的层面而言，"规律"观念与"奇迹"观念通过比照而彼此包含。但在应用上，这两个观念趋于相互排斥。

*

你可以根据一种哲学来构建自己的人格，也可以以自己的人格为蓝本创造一种哲学。

※

巴洛克进行臆造，戴上面具和假发。路易十四时代，树木在人类历史上唯一的一次有了"风格"。但文化将大自然本身吸收进其形式的这些年代，必然被视为历史的反常。

※

一个旅馆老板是油滑的，犹如一个沽名钓誉的大神父。确实，只有教皇才如此油滑。

※

"创造性的存在"问题是我常常感到困惑而要谈论的成千个话题中的主要问题。

※

理查德·瓦格纳是一个伟大的演说家。

※

里尔克晚年在他视为上帝的"接待室"的瑞士居住多年。1926年，他终于登堂入室，走进上帝之家。今天里尔克在那里做什么？或许在阅读《哈姆莱特》，据他自己陈述，生前没有读过这个剧本。他为自己保留了这份快意消遣，以备进入上帝之家后享用。

※

盲目服从者的心无形。

*

和平时期，人驾驭和平。战争时期，战争驾驭人。

*

演员是用自己的血肉穿戴在不同骨骼上的人，因为他自己不具备任何一副骨骼。

*

一个"忠诚的公民"意味着什么？不断将恶转化为善。

*

绝大多数人在某一时刻醒来时，第一个感觉是自己还"存在"；这种感觉对于绝大多数的人来说，足以告知他们另一个健康的感觉，即他们享有生存权，或者甚至其他一切权利。遗憾的是我在这方面的感觉完全不一样。早从少年时代开始，我就怀有自己"存在"的感觉，但感悟到只有"创作"才能同时给予自己生存权。由此产生了伴随我的各个年龄阶段的某种胆怯、沉默、形而上的伤感。

*

就哲学的永恒性而言，存在一个确凿的保障：它不可能有对任何重大问题给出最终答案的地位。

*

今天我遇到一个青年，他认为如果你受"*除开上帝皆为虚无*"① 这一格言指引，就是虚无主义者。

---

① 原文为拉丁语。

*

最幼稚的科学谬论也可能自身包含天才的深奥意义。神秘主义者雅各布·伯麦①说:"质量来自泉水。"②从语义学来看,这个论断大谬不然。但从形而上的事物来看,它是一个想入非非的天才论断。

*

在俄罗斯的长篇小说里,早在存在主义成为西方的一种"时尚"之前,"存在主义者"就充斥其间。俄国的小说家们仿佛不认识另外的人物。

*

"创造性的存在"是"英雄的存在"的一种形式,以摆脱"绝对命令"严酷教条为特征的真正英雄的存在的一种形式。

*

创造者赞赏英雄的存在,但就其取向本身而言,不可能追随英雄行为。

*

精神变态者是一个适应自我而不适应环境和周围生活的人。

*

在形而上学者中间,我们区别出"肖像画家"和"漫画家"两类。也就是说存在着描述宇宙肖像的形而上学家,以及勾画宇宙漫画

---

① 雅各布·伯麦(1575—1624),德国神秘主义哲学家。
② 原文为德语。

的形而上学家。两者之间的区别并不像美术界那样明确,却具有现实的基础。柏拉图是一位肖像画家,费希特则是漫画家。两者都不乏天才。

※

在其观念中不加入适量相对主义的形而上学家,乃是缺乏幽默的人,犹如独裁者。

※

自伽利略以降,将物理学置于实验和数学基础上的所有科学家实际上组成一个大一统"集体"。他们抛弃思想自由的原则,变成因循主义者。只有哲学家们注意到科学家的这种状态。科学家是不认识套在自己身上锁链的奴隶。

※

魔鬼一旦皈依基督教,就摇身一变为耶稣会士。

※

存在着一种三段论的耶稣会教条——强奸民意,妄下论断。

※

没有任何人怀疑康德在很大程度上吸收了孔子的思想。但在康德的著作中,孔子是以"实践理性"名称出现的。

※

毋庸置疑,上帝在牛顿小学上过初小,当时的校长是爱因斯坦。不过,你们知道,小学之上还有中学和大学。

✳

"创造性的存在"与人禁锢于教条是水火不相容的。诚然,人在受各种教义教育的环境下生长起来,但它必须从中"解脱"出来;否则,就成不了"创造性的存在"。

✳

少女们时而以自爱自恋的形式,时而以讨男人喜欢的形式成长起来。少女们向往的各种形式的不同性看来时而是本能问题,时而是精神品味问题。这或许只是成长的内在规律在发生作用,很难从表面现象来做细微的区分。

✳

在瑞士伯尔尼小社交圈的一个知识分子家里,一位夫人在家宴上用友好的口吻,对在场的里尔克说:"告诉您,昨夜我梦见了您。您被钉死在十字架上,但您脚下有一把小椅子,手上戴着结了冰的手套。"这段故事是里尔克去世后若干年,我在作为其发生现场的那间客厅里听说的。

✳

在天堂里,只有动物在笑。人笑不出来。

✳

向往创作的冲动必定是我心灵深处的行为,因为即使神话也是我独自创作的。

*

图多尔·维亚努①在我们的一次交谈中对我的神话思维方式很不理解。他坚持认为,神话是不断流通的一种集体产品和财富。我坚持说,尽管古代和现代把神话看作一种"既定的东西",但丝毫也不能因此得出结论认为,个人失去了自发创造神话的权利。神话的集体性并不是神话思想的本质:这个特征是某种次生"物"。我认为神话的自发性乃是"创造性的存在"的条件。

*

今天被视为不名誉行为的剽窃,在以往各代曾经是古典作家们的一个"特权"。

*

"古典"作家或曰具有"仿古"倾向的作家,把大批扼杀词汇视同儿戏。

*

俄罗斯的特性必须在"灵魂"中寻找。不是在物质中,也不是在精神中,而是在灵魂中,也就是说在人的喜怒哀乐的秉性中寻找。陀思妥耶夫斯基的伟大创新就在于此:他将自己的灵魂加进拜占庭精神。

这也是叶赛宁的创新之处:他将自己的灵魂加进诗的现代精神。

---

① 图多尔·维亚努(1897—1964),罗马尼亚科学院院士,布加勒斯特大学教授,作家、美学家、文学史家、文化哲学家。

✳

灵魂的外露当然自有其缺陷。离了"精神",灵魂相当容易沉迷于冥思。

✳

奥第·安德烈①的所有的诗,无不散发出一种咖啡馆的浓香和想变成具有匈牙利特色的茨冈洋琴曲调。奥第讴歌的人与人之间亲如兄弟的博爱,促使醉鬼们半夜里拥抱。

✳

拿撒勒的耶稣所做的只不过是试图兑现他无疑背得滚瓜烂熟的《旧约》的许诺,能否因此而说他有"书呆子"气?如果我们不惜代价坚持这么说,自然可以。不过,我们不要忘记,在人类历史上,任何伦理和宗教的天才都从来没有像这个加利利人出现时发生的那样,为"精神"增添前所未有的和自发的价值。

✳

历史是人的神话,犹如神话是神的历史。

✳

何谓信仰一种宗教?将你的全部希望寄托于一个问号。

✳

我谈论上帝并不比谈论各种神明更频繁。这种状况给予我在与宗教领域相关问题上表达的自由度。

---

① 奥迪·安德烈(1877—1919),匈牙利抒情诗人。

*

兽性的人比凡人更容易变成天使。

*

人的生活中发生的从肉欲存在层面到心灵和精神层面的升华过程，也有其相反的一面。至高无上的神秘状态有时并非是升华，十字架上的约翰或者圣女特蕾莎那样的神秘主义者用明显是性和肉欲的词汇来谈论种种神秘奇迹显现。

*

毫无疑问，儿童隐藏有某种天才，至少在一定的年龄之前是这样。促使自发性和想象力在这个年龄之前占主导地位的结构，随后被思维和感觉的惯常形式所淹没。所以，可以说在人的身上，基础是富有天才的，他们的愚昧全在上层建筑。

*

科学家倾向于在两种不同语言的某些孤立词汇之间发现意义的完全等同。这源于科学家更顽强地运用"概念"。诗人的倾向则是从来不去寻求两种不同语言的某些孤立词汇间的绝对相同意义。这源于诗人比其他人更加相信词的"共鸣体"本身也应被看作基质，而不仅仅是形式。

*

心理分析是一种心灵的外科手术。

*

一个没有出路的两难推理：你赞赏植物是因为它们的花还是因为

它们的果实？

*

据说魔鬼为了逃避上帝惩罚，曾经变成教堂。所以，小心为好：你永远不可以不认清自己在什么样的教堂里祈祷。

*

一九二六年，我在华沙第一次观看斯特拉文斯基的芭蕾舞剧《彼特卢什卡》。我是那么喜爱这部作品，前后五次去看演出。大约两年后，我在苏黎世甚至见到了斯特拉文斯基。他亲自指挥自己的许多音乐作品，其中包括《火焰鸟》。他的外表、相貌同我的早已去世的兄长、物理学家和数学家蒂特·李维乌有几分相像。这种情景使我感到斯特拉文斯基颇为"亲切"。不止一次，我觉得自己的一些诗似乎同他的音乐相通。

*

"真理"与"自由"之间的关系：只要我们不掌握"绝对真理"，所有的人都有权觅求创作自由，各自以自己的方式去寻找。

*

从我的思想体系来看，个人从来不可能握有"绝对真理"。就生存状态而言，人不仅是自然的，而且也是形而上的，不可逆转地囿于这种不可能性。因此，我的哲学归根结底是作为论证"创造性存在"和"个人自由"的至高合理性学说出现的。这种状况作为事实状态，也曾经有其他思想家揭示过，但没有一个思想家试图证明其"合理性"，将它转变为形而上的"权利"。

✻

　　正因为我们永远不能达到握有"绝对真理",个人的创作自由不仅是一个权利,而且是一种固有状态:这种状态固着于形而上,是根本不能废止的。

✻

　　一条狗与另一条狗之间只不过是狗与狗之间的差别;一个人与另一个人之间却存在一个世界与另一个世界的差别。

✻

　　任何语言中都存在着一种蕴涵的形而上学。揭示这种形而上学的责任落到语言学家们的肩上。这种揭秘的责任不但比以往尤显迫切,而且需用高度精密的仪器才能完成。

✻

　　现代生物学及其萌芽原生质的继承性理论(韦斯曼)无非是借用老祖宗原罪的神话,使之更加突出和精确而已。

✻

　　工程技术与艺术技术有一个公分母:趋于精确性的倾向。但是,如果说在工程技术中精确性成为一个必要条件,那么在艺术技术中精确性可能会扼杀艺术。

✻

　　完美的三段论是一个无创造力的模式。

＊

三段论可能产生结果；即使产生结果，却毫无价值。

＊

理性主义者是一个生活在前提恐惧症下的人。充满活力的人没有这种恐惧症。

＊

没有本事在"结论"中提炼出"前提"中所没有的即使少许实质的人，切勿去打扰科学。

＊

如果大自然曾有意把我们造成神，或会用大理石制造我们的骨头。

＊

据我看，我没有自杀乃是一个证明，表明在我内心深处还存有同对于上帝的信仰一样有价值的某种信仰。

＊

对于上帝的信仰变成地球上十分罕见的事情，所幸的是存在着很多与这种信仰有同等价值的东西。

＊

街垒与其说是革命斗争的手段，倒不如说是革命演说的讲坛。

＊

任何经验事物对于我来说只有潜在神话的表象和代言者的价值。否则,我就不再是一个"创造性的存在"。

＊

在万里无云的晴空下,雪野无疑是蓝色的。我们之所以看见雪是白色的,主要是出于记忆,而非来自视觉。但这个感知过程证明我们并非只有大脑的记忆,而且还有眼睛的记忆,那是感觉的完美等同物——眼睛的组成部分。

＊

能够替代神主动的拯救活动的唯一人类活动,乃是"精神创造"。如果你懂得人不能等待神主动的特殊拯救,心里有多么宽慰!

＊

"彼岸"是人的愿景王国,却是人进不去的王国。

＊

在不再"相信"神话之后的未来几千年,人依然将用神话的词汇讲话。

＊

美德被称作潜质,难道是因为它们只是潜在地存在于这个世界上?

＊

当我们多少天然地顺从自己的命运时,命运近似地实现;当我们十分明显地与它对抗时,命运却以预先注定的形式完全实现。

※

我们的感觉在单独一个艺术领域里(诗歌、绘画、音乐等)的良好训练和培养,为我们潜在地打开了通向所有艺术的大门。

※

箴言文学是思想的食盐。

※

拥有音乐的民族通常也拥有形而上学。譬如说,古代的希腊人,色雷斯人,印度人;近代的德国人,意大利人,英国人。没有音乐的民族也没有形而上学。

※

"经验主义"比预料更频繁地与"占卜"同流合污。

※

"精神"给人间带来的最大礼物,乃是痛苦感的转化:从消极感变成积极感。

※

康德关于一种纯粹的、绝对的自律道德可能性的观念,令我回想起一些圣父的梦:他们相信也可以通过无性的途径来增多人类的天才。

※

艺术中的大工匠,在科学中更像一部电子机器,而不像人。

*

"工匠式的技艺"或对于一部人造机器是礼物，对于人却并非如此。

*

懂得在工匠式的技艺与艺术之间加以明确区别，乃是高尚品味的一个基本条件。

*

从工匠的观点来看，天才永远是最糟糕的贬词。

*

从工匠技艺的观点来看是笨拙的东西，从艺术的观点来看也许是一个重要的特点。

*

几乎所有的人都把自己的心灵当作仿佛是一件里子朝外反穿的衣服。

*

梦游症是任何人都或多或少患有的一种形而上色彩的疾病。人处于这样的状态，觉得在模仿大海。从源头上说，受月亮吸引的人的血液无疑曾是海水。

*

有人告诉我，当前正在用"历史唯物主义"观点写一部多卷本《罗马尼亚人历史》。据说，关于罗马尼亚民族的起源，我们的大学者们,将在第一卷里写入论证罗马尼亚民族在达契亚形成和我们在这片土地上的历史"连续性"的观念和论据。他们的最重要的论据正符合于我曾经在自己的著作中表达的思想。我们之间的差别只在于"术语"。我称为"回溯到史前史"之处,现在的历史学家们叫做"回归原始资料"。

*

自本人提出我们民族形成问题以来,已经过去了四分之一世纪。我们的学者们,历史学家,语言学家,考古学家,在此期间揭示了一系列"事实",用新的论据丰富了我的论点。在我过去的论述中,我们民族在达契亚的"连续性"的反对者当作反继承说论据的某些"事实",今天反过来变成有利于连续性的论据。

*

对那些生来就心胸狭隘的人,你是在他们仰慕他人宽容而别有用心地加以滥用之后才认清的。

*

无限的宽容不啻同自杀调情。

*

神秘主义者和神智学者雅各布·伯麦在其沉思录中表现出一种民间文艺创作的率真。但令人震惊的是,这个中世纪的普通工匠、行会成员能够深入形而上学的至高奥秘。他用诸如"意志"、"愿望"、"想象"、"欲望"、"崇敬"、"焦虑"、"节俭"等心理学的因素,亦即我们种种表达情感的方式,创造了一种形而上学,说明"上帝的人的内心演变"。

*

我们生活在据物理学家们说正在扩张中的一个宇宙里。也许,在人们中间依然存在乐观主义的残余,其原因是对于自己生活在其中的这个世界,他们以往能够得出这样的想法。

*

中世纪的神学家们是着迷于女仆之爱的狂人。他们的"安琪拉"——女仆就是哲学。

*

与男人"概念"相比,美更需要女人这个"概念"。在我们的民间神话中,只有"女神们",而没有"男神们"。

*

"天才的人"不仅具有天才,而且也被自己的天才吸引。在少年当中,你常常发现看似有"天才"的人。但他们终究没有成为"天才",其原因就在于他们从来没有进入被吸引的痴迷状态。

*

请勿严于责人,疏于律己。

*

谁更坚强?是与风斗的树,还是与天斗的人?

*

生活中唯一放之四海皆准的智慧来源自死的想法。作为雅典娜女神之鸟的猫头鹰,其外形颇如灰瓮。

*

有些神秘主义者敢于发表连魔鬼也不敢说的亵渎神明的言论。

*

确实，神秘主义者在他们同上帝的交谈中有一种常常使他人恼怒的直率，但上帝对此并不介意。

*

雄鹰振翅高飞，一圈又一圈地在空中盘旋，将一道道光环投射在它起飞的悬崖上。

*

约翰·塞巴斯蒂安·巴赫的音乐是哲学家唯一可以考虑的证明上帝存在的论据。

*

正常的精神状态是精神错乱与反精神错乱之间的一种平衡状态。

*

人们还需要系统地接受教育，以应付在"疑问"中生活。他们过度执著地生活在"答疑"的幻想之中。

*

伟大的无名氏？只有非常著名的人才有时隐姓埋名旅行。

*

拨弦古钢琴是一种精神的乐器，而钢琴是一种心灵的乐器。

*

你也可以通过极度猛烈地批判一种思想,来赋予它极度夸大的重要意义。

*

弗朗兹·李斯特也谱写过他自称为"超验的死刑"的练习曲。他是常常把艺术与演奏技巧混为一谈的所有作曲家中最精彩和最玄妙的一位音乐家,将"超验"一词贬入杂技!从来没有人能更有说服力地表达这种自我"补偿"倾向。

*

世界上为什么存在荆棘?为了夜莺用它们来筑巢。

*

所有的盲人在各地的小镇桥头歌唱,他们难道不是以此来纪念荷马吗?

*

尼采的基本思想是依据马克思的某些思想仿造的。是通过比照来炮制的。也就是说,确是"仿制品"!

*

柏格森的哲学当然是"唯灵论"的一种形式,而且这种哲学以这样或那样的方式强烈地显示这一点。尽管有人或许会说,柏格森的哲学在某些方面受到一种神秘的"唯物主义"影响。

*

强迫观念或狂热意识关注的是"偶像",而不是"观念"。

*

一则古老格言写道:"告诉我你有什么样的朋友,我就可以告诉你是什么样的人。"这则格言不适用于哲学家。在哲学中也许另一句话更加有用。一种哲学通常同它所抨击的各种哲学处于同一水平。

*

论证上帝存在的"道德"论据对于不信教者的用处,确如圣水之对于病人。

*

一般认为精确的自然科学似乎比形而上学更有"经验的"特征。事实恰恰相反。人类精神迄今达到的所有形而上学无不通过感官的某些直接经验因素的概括和升华,建立在经验观念的基础上,而精确的自然科学建立在经验中没有直接对应因素的基本观念上。在精确的自然科学中,感官的直接"经验"通过"实验"和"简单概括",通过"唯数量主义"而被取代。形而上学家黑格尔认为,牛顿的物理规律属于虚构领域,因为完全缺乏经验的实在性。一个物理学家或许会反驳说:事实恰恰相反,黑格尔的形而上学才属于虚构领域,因为它单纯建立在经验的因素上。

*

十九世纪中叶把形而上学贬为只是"概念之诗"的说法,应该说是形而上学的光荣。

＊

在碧空万里的远方，所有的山都是蓝色的。但你走遍千山万水，永远不会见到一座蓝色的山！

＊

现实是童话的废墟。

＊

我不能不再次强调给所有诗人的建议：一部诗集的品质往往通过简单的数量压缩必将得到提高。

＊

现实世界在充斥对称物的混沌与充斥不对称物的宇宙之间运转。

＊

思维帮助我们胜利跨越许多结论所固有的悲哀。"浪"的概念使我们忘记一个浪从不两次拍击海岸。

＊

我在一份杂志上读到谈论地球、太阳、银河、宇宙年龄的一篇文章。还读到谈论地球上第一次出现生命的文章。现在我知道自己的年龄应该上推到大约三十亿年前。因为，我显然是与我们这个星球上的第一个生命同龄。当你得知自己比各大陆更古老，而且也不比今天的地球或太阳年轻时，体会到年龄的一种崇高感。

＊

我们今天的技术看来正在做出科学本身也未曾期望的"证明"。

*

科学终有一天将无情地采取行动，反对这种技术哲学。科学将控告"技术"严重滥用权力。

*

爱因斯坦和海森堡等大物理学家讲授过一种十分彻底的"认识论"。在确立物理学的某些基本原理时刻，他们是"马赫派"，将一切建立在感觉基础上，随后很快就变成多少带有康德色彩的认识论的追随者，承认概念也是认识的名副其实的工具。

*

苦行主义是通过回避生活来解决道德问题的一种尝试，但回避冲突写不成戏剧。

*

形而上学家们运用单一实体（观念、意志、物质）的雄心，在我看来也许像用独木建造教堂的教士们的雄心一样幼稚和不切实际。

*

埃尔文·薛定谔和帕斯奎尔·约尔丹等大物理学家曾不惜代价试图证明，职业癖性永远损害最卓越的科学家。这两位杰出的物理学家有一个时期还曾经大谈生命问题。但令人难堪的是，这些名学者一旦离开自己的专业，触及生物学问题，其思维方式是多么"无趣"。诚然，任何哲学文化都不会损害这些大物理学家的聪明才智。只有哲学能拯救一个专家摆脱他的职业癖性。

＊

只有尚未被生活和历史压垮，有能力践行具有真正个人面貌的道德的哲学家，才跃跃欲试，动手撰写"伦理学"。

＊

浪漫主义的诗人一般是政治的"支流"。古典主义的诗人一般不问政治。

一条"古典主义"的血脉引导我从少年时代起就远离任何一时的政治激情。

＊

"讥刺"诗是近东地区的偏爱体裁，但借海涅、裴多菲和其他许多浪漫主义精英之手，也成为欧洲的时尚。这种诗也许很像抡圆鞭子，最终只是把鞭梢抽得噼啪作响的舞鞭。魏尔伦大发雷霆加以抨击的这种"讥刺"诗，或可以用罗马尼亚语称之为"鞭梢诗"。

＊

人影响自己的星座。

＊

人的影子随太阳意愿投射。但不能由此得出关于太阳与人之间关系的任何结论。

＊

人是世界上唯一动脑筋干活的动物：最不聪明的动物。

＊

只有各种机遇或许没有污点：单纯的，清白的；"业绩"从来不可能没有污点。

＊

诸神从现实中隐退，以便分享机遇的纯洁性。但这条路不是为人开辟的。

＊

古希腊人只把他们自己看作"人"，外国人不在其列。我倾向于像希腊人对蛮族那样看待神，亦即视之为非人。

＊

诸神同他们中间的魔鬼斗法，并在这场斗争中出人意料地耗尽了自己的精力。诗人们用自己的作品使他们皈依。

＊

文学语言在其历史进程中有着奇异的构成。在罗马尼亚公国的弗克雷斯库①时代，我们的语言中没有"女神"一词。描写在西方旅行见闻的罗马尼亚贵族高列斯库②，仿照"女妖"和"女巨人"的先例，创造了"女上帝"一词。这个词很有趣，却同时带有他的思想所追求的将纯粹的奥林匹亚神圣意义加以某种魔化的色彩。古代的神

---

① 弗克雷斯库，罗马尼亚公国大贵族家族，其中在语言文学领域有所杰出成就的当数耶纳基查·弗克雷斯库（1740—1797），其所编写和出版的罗马尼亚语语法被认为是该领域最早的著述之一。

② 高列斯库，罗马尼亚公国大贵族家族。这里所说的是迪尼库·高列斯库（1777—1830），曾先后于1824年、1825年和1826年到中欧各国旅行。

话人物在高列斯库的作品中具有了与其本意相反的本土童话和民间俚语的趣味。

*

一种哲学的性质从来不是一成不变的。

*

暂时与永恒之间的差异犹如记忆与遗忘之别。

*

斯宾诺莎的哲学思想如果像某些建议那样简单直白地表达，或能赢得其固有的说服力。斯宾诺莎却试图用多少带有数学面貌的论证手段，来强调它们的可靠性。事与愿违，这位尊敬的哲学家在其文本中塞进了许多江湖骗术般的废话。

*

一些存在主义者所说的"失败"是人类的普遍事实，但这并非等于说你应该沉迷于此。你沉迷于失败，意味着心怀一种扭曲的感情。

怀有这样一种失败感，就不可能走上任何成功和创造之路。因为从一开始就在"打算失败"的念头和决心的控制下，任何人都不可能争取最大机会去获得成功。

*

存在主义者普遍赞赏存在的多少带有普遍性却是非本质的方面。存在主义者生活在存在的边缘，却自以为处于存在的中心，至少就他们的希望来说是如此。

＊

"存在主义者"从理论上理解存在，以为自己能够"绝对"自我实现。每个"存在主义者"都坚持实现自己的"真理"，旨在促使世界皈依种种可能发生冲突的所谓个人"真理"。就"伦理的"观点而言，我不相信各自站在自己的立场上的个人的这种狂热的偏执态度能够有任何正当性。就其本质和普遍条件而言，"真理"是"相对的"。在实践中，它们必须本着极度的宽容精神"共存"。"共存主义"必定与"存在主义"相对立。

＊

不尊重敌人意味着丧失克敌制胜的一个机会。

＊

哲学划出了一块永远只能通过代称来占有的不断空缺的领地。

＊

哲学思想的强大在于它提出问题的能力，而不在于答案。

＊

陀思妥耶夫斯基本着基督教的殉道精神，教导人们在痛苦中觅求幸福。但我认为，在痛苦中觅求幸福意味着人的身心结构的扭曲。我愿意承认"痛苦"有时在精神上可以发挥生理－心理上不可能具有的某种正能量。我想痛苦尽管是件坏事，也可以转化为好事；我是指具有创造力的痛苦，转化为好事、精神价值的痛苦。只有"创造"才能赋予痛苦以合理性。

在上帝眼里,一个人很可能比整个银河系更复杂。

*

"显证"是奇怪而无需证明的事情;但现实有多少"显证",童话也就有同样多的自己的"显证"。

*

没有成熟的果子多么执拗地牢挂在枝头!成熟的果子却不再如此执拗。

*

一个并非总是怀着探索感的思考者,可能是一个很好的运算师或者律师,但不是思想家。

*

一件事情的荒谬性消除的是它的逻辑有效性,而不是任何有效性。

*

阿纳托利·法朗士若不是生性空灵,就不可能成为那么才华横溢的作家。他在虚无与语词之间找到了一种完美的平衡。

*

任何哲学都是一个封闭的体系,即使在它尚未完成之时。只有哲学通论才是开放的体系。

＊

　　一个"词"中读出的不仅是它的意义，而是整个宇宙的声音。正如一个贝壳中传出的是大海的呐喊。

＊

　　落叶的特性揭示了哲学的本质。但凋落的是树叶，而不是果树。

＊

　　只有谎言才是单体的，真理并非如此。

＊

　　我听见一个野心家说："如果我是圣三位一体的组成之一，绝不满足于只当圣灵。"

＊

　　有些哲学家更多地促进一种文化的创造，也有些哲学家更多地倡导一种文明的创造。

＊

　　飞鸟是借助它们的轻盈的部分，而不是体中的重物起飞。
　　轻的东西帮助重物起飞。

＊

　　辩证法自有其怪异特性。舍弃了它含有的一定量的唯心主义，辩证法专家们或会不用两条腿，而用四条腿走路。

在母牛头上,号角不发声。

*

在直觉和我们的时间概念基础上,我们说一切过去的事情"不再存在",而说将来的事情"还不存在"。我们关于时间的直觉很难或有所改变,但很可能将来有一天会产生关于这种存在形式或结构的另一种概念。届时,我们或许能说过去的一切"依然以某种方式存在",而未来的一切"现在以某种方式存在着"。

*

蜂巢中,蜜蜂由一个"功利主义国家"的完美理性统治着,不空谈任何道德。

*

根据《旧约》中留下的一个启示,所有城堡是由该隐奠基的。城市难道真的建立在不可调和的意识,与人自身为敌的意识上吗?

*

创造者的呼吁?将自由视同法律。

*

用两根蘸上口水的手指可以熄灭一支蜡烛。闭上眼睑,可以熄灭一线阳光。但黑夜并未降临。因为根本不可能有黑夜。即使是最大的黑夜——地球的黑夜,也并非是黑夜,而只是光明宇宙中的一个暗影。

＊

魔鬼始终存在……犹如生活。它始终如一，但有季节和年龄：春，夏，秋，冬。

＊

感觉的世界不会完全明确地传达我们的任何一个观念，却提示我们一切，即使是那些最矛盾的东西。

＊

康德的"绝对命令"观念，乃是语法对于人类道德观的最重要贡献。

＊

必须重新思考天使们的下凡。真的是下凡吗？从天上下到人间。但并非是一种诅咒或惩罚，而是增大我们世界的力量。

＊

我读了一九五〇年在美国出版的一部讲英、法、德、西、意、俄等通用大语种民族的诗选。诗选的编者本人也是一位"诗人"。但这部诗选或应该起名为"诗歌危机"。确实，挑选的原则是"非诗"。编选者好像对诗天生厌恶。现代文明的诗歌真的竟至如此地步？完全类同于钢铁的声音，而且道德气氛散发着厕所的臭气？我并未夸大其词。编选者挑选了诸如兰波或贝尔托德·布莱希特等毋庸置疑的大诗人的作品，用某些所有缝隙里浸透着公共厕所臭气的样品来说明诗歌的境况。为什么编选者从艾略特的作品中只选录了犹如干巴巴的小品引文的几首诗片段？在一个超抽象的知识分子的小品中，他的心灵只能像鱼泡一样呈现。

*

上帝创造了世界，却并无确定的目的，只是为了快乐，唯一关注的是他所创造的任何东西不能与他雷同。

*

几乎很难相信任何一种语言的简单词汇、语言作品、词组或单词有时本身蕴藏着多少深意。试举一例：德语的 Ursache 一词传统上译为"原因"，在德语中可以还原为它的古语形态：Ur Sache，意为"远古的、独特的东西"。这种意义把思维导向上帝。因为，只有上帝才能够是远古的。由此产生了一个提示："原因永远只能是上帝。"日常思维或科学思维将远古思维即 Ur Sache 世俗化，把它改变为 Ursache；从而有了被整合进时间概念的原因的意义，而在时间中，任何"结果"可以反过来变成原因，任何事件可以变成原因。

*

历史织成的最复杂的"结"，不能"解开"，只能"斩断"。亚历山大大帝于安纳托利亚的戈尔迪乌姆城挥剑斩断战车上用来绑轭的无头绳结之时，我们便开始领悟这一点。

*

伟人如果一开始就知道将成为伟人，或将根本不懂得如何做人。

*

鼓胀的帆如大姑娘的乳房一样高高隆起。但大众的看法是风或无定形。

※

在一切领域里，科学家成为"超科学"人士。这是一件令我担忧和困惑的事情！因为，作为创造者的人，我们能在自己的工作中追随科学家。至于超科学，我不再能追随其后。我在其劣迹中看到了试图消灭我、否定我的创造性存在的趋势。

※

上帝有朝一日或将在地球上"化为肉身"，这是一个异想天开的想法。我不相信上帝曾想过同人进行如此不正直的竞争。

※

人如果要在地球上有所作为，必须像所有生灵一样通过自身来实现。

※

有位哲学家曾经说过，人生性就是"基督徒"。那么显而易见，人是一个无需救世主的基督徒。

※

想深入细节的人思考得很细致。但行事暧昧的人也思考得很细致。

※

哲学思想是为人立本的思想。

*

我们否认艺术中的"现实主义"的信徒们能从彼得·勃鲁盖尔①的绘画中追索为他们正名的任何权利。勃鲁盖尔的现实主义是想象的,走向了超现实主义。勃鲁盖尔似有魔法,充满魅力,从一只开始高飞的鸟的视角来揭示事物,永远用"另一只眼睛"来透视隐藏于"现实"事物中的地狱和天堂的细部。

*

特定的说教方式与艺术、诗是可以相容的。但只在它是幼稚的一种征兆,而非知识分子的炫耀表现的情况下。彼得·勃鲁盖尔用某种说教方式来描绘儿童游戏,用图画来广泛说明一切可能的游戏,仿佛是在写一本教科书。幼稚拯救了这一尝试,造就了一件毫无瑕疵的艺术作品。

*

没有任何一件人类的精神创作是"绝对"成功之作。诚然,人类精神能够具有从相对性坐标来衡量的创作;我们无需讳言这一点。但这样的"相对成就"可能被人视为"绝对"的等价物。这种评价,不论出自任何教条主义的狂热抑或存在主义的绝望,源于追求"绝对"的过度执拗的向往。

*

天使们很少想到他们的名字,以致经常忘记。有时,他们彼此盘

---

① 彼得·勃鲁盖尔系大彼得·勃鲁盖尔(1525—1569,亦称农民画家勃鲁盖尔)和他的儿子小彼得·勃鲁盖尔(1564—1638,亦称地狱画家勃鲁盖尔)的统称,均为弗兰德斯著名画家。

问:"你是否知道我姓甚名谁?"

*

任何艺术或诗歌流派的弱点通常是纲领、理论导向、艺术目的;但几乎在所有的流派中都能创作有价值的作品,不论其纲领如何。这又一次证明创造性天才的伟力。

*

最简单、最基本的自然现象可以有无限多的解释。现象越是复杂,不同解释的可能性越少。因此,大诗人们不断回归简单的现象。

*

海德格尔将新教的"注释"精神加以世俗化。

*

在哲学与诗歌之间存在某种选择性的亲和力,但也存在很大的分歧。哲学的不精确因素与诗的不精确因素和睦地生活在一起,常常产生具有形而上学感觉力的价值极致的诗。但哲学的精确因素与诗的不精确因生活在一起就会反目。这后一种婚姻乃是全部所谓哲理诗、教育诗和推理诗的基础。

*

人们经常标榜没有理由的简单信念,作为论证某些生活态度的依据。

*

只有与同时代人才能进行矛盾的论争。试图与生活在过去的人,譬如说柏拉图、康德、歌德等做这种争论,那是居心不良。

*

希腊神话中的超级美人海伦的丈夫、斯巴达国王墨涅拉俄斯，偶尔谈到诸神的父母时，并不把自己的嗓音控制得足以完全保证避免因自负而发生某种音变。他与谋臣们在一起时，好似纯属偶然地随口说道："你们知道，我的岳父宙斯……"相反，海伦从来不提她父亲的名字。那只是特洛伊城的一个老人，欣赏她漫步走向喷泉的身姿的众多围观者之一。有一次，她多少有点卖弄风情地回应道："要知道，我是天鹅的亲骨肉……"

*

"一致性"不必列入观念创新的条件。哲学和科学史上的观念创新大家，并未把自己的观念发展到他们应该做到的完全一致的地步。本着一致性精神而做的体系发展，通常属于邯郸学步的后继者们。

*

妻子随着时间的推移变成丈夫机体的一部分。昔日最心爱的女人，随着丈夫"自我中心化"，只剩下一个分裂的形体。你只能通过这种自我中心化实现完满的创造性生活。

*

许多人常有的生活中不失去任何东西的智慧，或不应称作智慧。因为，它同一个人很少能获得的真正智慧……在丧失了一切之后得到的智慧，风马牛不相及。

*

八月末，燕子很多。新生代聚集在电话线上。它们一群群组合起来。又重新分分合合。在金属的乐谱线上，它们学习多声部乐曲。它们歌唱。在飞越大海时多声部乐曲对它们将有何用处？我不知道，但它们在歌唱。据我看，它们在歌唱中觉得自己正在飞越大海。而当真飞越大海时，它们不会歌唱。

*

对于一个既"创造"又"做事"的人，必须首先根据他的创造做出评价，他所做的事情只应放在第二位。

*

爱"亲友"乃至"敌人"若己，是一个我不能理解的公设。具有这种胸怀，这种良心，这种天分的人，应该为此感到幸福，但切勿期望缺乏这样天性的人有此情怀。只把自己看作普通人的我们，只能以基督教的最崇高行为的"替代品"自豪。我们对亲人像对待我们自己一样履行义务。我们站在值得尊敬的高度承认我们的敌人所实现的价值。那么，我们怎能不以同样值得尊敬的公正态度对待我们自己实现的价值。

*

一旦你自己开始觉察心理反常，为时已晚。因为，那时反常行为已经十分严重。

*

我们这个星球的最有用的黏土乃是墓地的葬土。

*

没有一个大思想家信得过他们的评注者。记得马克思曾经说过："我不是马克思主义者！"无论是康德抑或笛卡儿，都不是什么康德主义者或笛卡儿主义者。

*

一种哲学的精神高度不仅取决于其作者的精神高度,而且也取决于同这个作者展开辩论的哲学家们的精神高度。

*

与思想水平低下的人进行讨论,即使是立场对立的争论,意味着你甘冒降低自身思想水平的风险。

*

我们的文化,现代人甚至是原子和宇航技术时代的今天的人的文化,依然充满神话的元素。在提到许多神的名字时,我们多多少少依然膜拜,譬如说宇宙主神宙斯,金星主神维内拉,水星主神梅尔库尔和火星主神马尔斯等。

*

我们在母腹中生长的时间并非只有妊娠期的九个月,而是我们降临的地球有生命以来延续至今的二十亿年。

*

经验现象从未"绝对地"验证和肯定某种理论。它们只是出来迎接这种理论,像对待一个一时的主导者那样表示祝贺。

*

提高自身的"修养",意味着多做有益于公众的事情。

*

对于绝大多数人来说,死只是消亡的一个遁词;对于极少数人来说,死表明生命这篇文章的结束,是生命的圆满完成,犹如字母"i"上的那一个点。

*

"随笔家"是描述某种观念的小说家。

*

有些殉道者将自己的痛苦当作一面旗帜来展示。这是雄辩术的最糟糕的形式。

*

深奥使理性变成超验之物。深奥的东西如果用言语来表达,可能使人觉得荒谬。其中包含我试图在自己的许多哲学著作中加以世俗化的一个神学观点。

*

你可以修剪一棵树,给予它丝毫不像其天然形态的外形。但这件事并非任何时候都能做,而只能在一年的某些时刻和这棵树生长的某个阶段进行。

*

我们生活中遭遇的绝大多数"事故"的肇事者是我们自己。至少百分之八十的事故仿佛是由我们的深层潜意识"安排的"。我的一位友人非常渴望获得一次工作休假,但找不到任何申请的理由;于是,这位朋友"滑倒"在浴室里,摔断了腿。

*

某个人赞同的教义与他的哲学无关,而与这个人的条件反射相关。

※

一个费解的诗人是上帝制造的儿子,而非亲生之子。

※

"无限"承受不了自己的思想,于是回归自我,生育了声望更高的"有限"。

※

诗人是唯一心胸外露的人。

※

任何一条河还都没有丧失有朝一日流入大海的希望。只有人是一条绝望的河,因为他有自己的固定河床。

※

真正美的东西并非是完美无瑕之美,而是稍有瑕疵之美。

※

文化天国里的"诗才"像星空里的变星一样,是十分罕见和奇妙的现象,既壮观又出人意料,其本身是不可解释的。应该不仅从偶然性的视角描写诗才。他们的历史或为我们揭示人类深重的悲剧性历史的深不可测的奥秘一面。

※

任何领域里的一位大师的不足或缺陷,在他的弟子们的作品里比在他本人的作品里更容易发现。由此甚至可以概括出传承的本质特点。弟子发展得更多的是大师的缺陷,而不是他的优点。

*

如果神明们有死亡的意识,我不知道他们将如何忍受。但人好歹容忍这种意识。

*

有一件事比其他任何事情更使我担心:临死时刻不自觉地流露出怕死的卑劣心态。

*

当我对你说"你"时,我把整个世界和全部神话融入这个词里。

*

从艺术到思想的各种文化创造,通常是在并非怀着为文化服务的明确目的刻意这样做时成功地实现的。尤其是在譬如说怀着取悦心爱的女人或者某个权势人物的动机这样做时,更能成功。

*

诗才乃是具有精灵功能和价值的肉身。

*

一切似乎都有重量,甚至包括光在内。只有心爱的女人的魅力是不可计量的。

*

我立刻再也喝不下任何东西。立刻再也吃不下任何东西。因为,我心爱的女人在阳光下改变着她所触摸的一切。

*

一个特定的女人并非单纯是芸芸众生的一员；她对于我们来说不仅替代任何其他女人；她能够替代社会、文化财富、人类乃至世界。

*

或许可以写一篇令人倍感兴趣的关于我们的祖先哥特-达契亚人国王德切巴尔的论文，题为《阿德里亚大帝德切巴尔》。

*

只有在你功成名就之时，年岁才能成为一种功绩，乃至是令人赞赏的功绩。

*

在你生活中自觉地受愿望引导之时，是正常世界的组成部分。一旦生活中不自觉地受同样的愿望操纵时，就变得反常。

*

萧伯纳是一位自我抑制的诗人和神秘主义者。这个变化无常的作家将沦为时代的牺牲品，其实在很大程度上已经如此。但神秘主义和"不自觉"的诗即使在其曾经有过的某些辉煌时刻，又有多少含金量！

*

"认识论"在我的哲学中变成一种滑头理论，亦即使用种种借口，使得认识——本质上不可能是绝对的认识，能够非常方便地制造出"认识"的替代物。

*

"茹娜"或许是能赠给女人的最美妙和最合适的名字。对于我们来说，心爱的女人确实像"如尼"① 古文一样耐人寻味。

*

一个气质温和的人比一个能够对己对人下狠手的、或多或少残暴的人，更快地向情绪和缺陷让步。

*

阴影喜欢永远伴随一件事情，因为只有这样它们才感觉到自身的虚无得到保护。

*

生命在于记载生活。生命一旦不消耗作为生活的生命，就消耗其自身。

*

从词所孕育的沉默中可以诞生意义。

*

一九四八年春天，罗姆尔·拉迪亚②给我雕一个半身像。他的工作室在克鲁日公园湖顶头的一栋建筑里。在他工作期间，我们谈论最广泛的各种问题。埋头工作的拉迪亚只蹦出一个单音节词作为应答。

---

① 如尼文是北欧、英国、斯堪的纳维亚和冰岛诸日耳曼民族的文字体系，通用于约公元3世纪至公元16或17世纪，有多种不同变体，其起源至今尚不明，学界存在多种猜测。

② 罗姆尔·拉迪亚（1901—1970），罗马尼亚雕塑家，克鲁日大学教授。

在大约十次会面后，我觉察自己必须有更大的耐心。有一次我对他说："亲爱的朋友，我为这个脑袋工作了五十三年；而你只需几个星期就把它塑造了出来，真让我吃惊！"我的这个玩笑使这个杰出的雕塑家说不出有多高兴，变得很健谈。他常常重复我的话，告诉我那是他一生中听到的用最严肃的声音说出的笑话。大约六周后，他允许我看自己的半身雕像。我得到了自己的补偿：一件不朽的艺术珍品！

*

智慧变成天才，并非产生自智慧的资源，而是来自激情的资源。

由此可以从某种意义上说，天才通过合力而存在。在一个天才的男人面前，并非不能应用这个格言："找老婆去！"①

*

我们徘徊在绝望的原野上，时时把自己的影子当作石柱来依傍。

*

迪米特里耶·康特米尔选择独角兽作为其形象象征。我有充分理由相信自己或许也会选择它作为象征。

*

我觉得自己的一切行为举止是一个很有阿德里亚地区②特色的人；但又是一个具有罗马尼亚普遍特色和一定程度的欧洲特色的阿德里亚人。

*

感到需要与同道交流的诗人无一是不合群的。不合群的只是那些

---

① 原文为法语。
② 阿德里亚地区即特兰西瓦尼亚地区。

躲在圣坛隔板背后进行活动的极端封闭的诗人。

*

偶像崇拜将永远不会从心灵里消失。诗即是证明。食人肉陋习将永远不会从地球上消失。爱情即是证明。

*

老年是重建与童真久已断裂的联系的孩童时代。

*

童真是一切年龄的心灵。

*

在蝴蝶的世界里,翅膀的装饰粉末乃是生命和飞翔的要素。

*

存在着本质是诗的自然现象或实验现象。来自月亮的回声即是一例。你听见从月球表面环形山口传回来的声音吗?有谁梦想过这样的事情?如果我能将一句话发送到月亮上,以在几秒钟后听到它的回声,那么我要呼喊的只有我心爱的女人的名字。

*

你可以在刚才把你封闭进狭窄天地的山上,看见最广阔的天空。

*

神秘和传奇的情节表明一种向往相互感染的强烈倾向。在罗马尼亚的一个民间传说里,马诺列师傅建造巴比伦塔,在这个泥瓦匠把自己的老婆圈在围墙里之前,通天塔轰然倒塌了。

＊

有时，从素质和水平的观点来看，人与人之间的差距只能用"光年"来计算。

＊

诗人的路不断通往泉源。

＊

要真正令人信服，任何三段论必须以良心作为大前提，或至少是小前提。

＊

肉体是心灵的边缘。

＊

《约翰福音》说："道成肉身。"这个论断只适用于诗的世界。

＊

从你说自己的形而上学是迷思那一刻起，就不再可能成为一个学派的奠基者。

＊

每写完一首诗，除了喜悦，我还体验到一种沮丧的心态："这是自己写的最后一首诗。"这种感觉油然而生。每次，我都要同它进行斗争。这种心态实际上是在度量创作的不可预见度。

❋

没有了诗人,所有的女人或会觉得自己是寡妇。

❋

诗是我们用来包裹爱与死的一件外衣。

❋

在哲学、诗歌和艺术等精神价值的世界里,就对这些价值的评价而言,在历史进程中实现着一种内在的公正。但就我所见,这种公正从来只能通过"内在的批判"途径来实现,亦即在分析作品中,从蕴含在接受检验的作品内的标准出发。

❋

一朵花的芳香犹如一桩罪孽的供词。

❋

文化人,"有教养的人",乃是用他自己的力量或他人的力量不断把"混沌"改变为"宇宙"的人。

❋

我的最重要的精神作品,乃是放进我的所有诗歌和哲学作品里封存起来的沉默。

❋

具有杰出天才的画家们发觉,在调色板上将一种颜色与另一种颜色调和时,其实是用一分心灵加入一种颜色。

*

与展开一首歌相比,诗人更应该懂得中止它。

*

上帝也有一个女儿。是生下的,而不是制造的:眼泪。

*

各种文学体裁应该是神话人物创造的。"地灵"创造了箴言。

*

我们的痛苦为欢乐打上烙印,而不是相反。我们整个人生的伤感基调由此而生。

*

我不知道如何发生的,看来最强烈的激情并未伤害我的内心;犹如高压电流流过我们的身体,却没有损伤我们毫发。似乎本该如此,否则我或许早已命归黄泉。

*

形而上学的作用是重新"激活"被科学驯化的世界。

*

要围绕一个人创造神话或传说,这个人保持沉默比夸夸其谈更重要。

*

但丁无疑是大自然的一个悖论。通过他,意大利诗歌甚至一开场就达到了鼎盛。犹如人们所说，太阳天生就有升至天顶的能力。

*

在与性爱、生育、种的保存相关的利害领域里，动物获得并表现出人的属性。在同样的利害领域里，人表现出上帝的属性。

*

我虽然那么多年对你谈到了种种不同的事情，但所能提供给你的只有烧制的陶土、双耳水罐和偶像。

*

一行平庸的诗句可以借助不平凡的诗的气质来补救。缺乏诗的气质却不能由诗句来补救，不论诗句本身是多么华丽或非凡。

*

在其同周围世界的各种力量进行的斗争中，机体具有"内在线路"的优势。若没有这种优势，或许比现在正在发生的状况更迅速地被灭杀。

*

以往时代的一切有价值的艺术作品，随着时间的推移获得了更多一层的美——"废墟"之美。

*

大哲学家们是从彼岸下凡到地球的人物。他们来自童话。他们所有人均属于"虚幻世界"的部族。

*

即使是最明智的人,道德说教也会把他引入言行举止如同白痴的状态。

*

唯心主义既非源自柏拉图,也非源自康德;唯心主义早在人通过生物进化能够两脚站立之日就已经产生。

*

除了人,具有崇拜光明的宗教的唯一生物是云雀。这种鸟儿毫不费力地冲上云霄;因为它似乎受太阳吸引。云雀的飞翔是动物王国中可以解释为朝拜活动的唯一案例。云雀的飞翔是使人联想到宗教建筑的上升螺旋。云雀每天都在建造自己的巴比伦通天塔,但并非要对抗光明之神,而是为了歌颂他。

*

一滴露水从外部世界接受一束普通的光。但露水用一条彩虹回报世界。这是早晨赞成唯心主义的论据。

*

人们嫉妒云彩。原因很多:它永远能周游世界,它有蔚蓝的王国,它没有疆界限制,它有自由……

*

过度看重一首诗中的"装饰"的诗人,与其说受诗的规范指引,毋宁说是受美容的标准误导。

※

关于诗歌领域里的翻译艺术,只能说一点:翻译文本必须成为创作的动力。

※

如果不是男人喜欢女人有弱点,她们或不会那么矫情。

※

惑与解惑的辩证法伴随着一切问题。就主观而言,提出一个问题源于一种疑惑状态。解决问题是解惑。我预见未来将出现这样的问题:解决它们比"提出"它们更多地促使我们"置疑"。

※

批判主义始终划出不同界限。触摸自己身体的儿童经历批判主义的第一种形态,限于在物质性世界里活动。童年结束阶段的儿童经历批判主义的第二种形态,那时儿童具备"活化"周围事物的能力,能够认识有生命与无生命事物之间的区别。批判主义的第三种形态划定"认识"的界限,在康德所说的意义上指出自在之物是不可认识的。批判主义的第四种形态划定精神创造的界限,指出任何精神创造都不是绝对启示。

※

既有刺激模仿的对伟大艺术作品的欣赏,但也存在着抑制模仿冲动的欣赏。无论是圣索菲亚大教堂或者但丁的《神曲》,罕有模仿者。

＊

管风琴是五指并拢朝天竖起的上帝之手。

＊

我们有时经受的心灵之痛并不像特定情况下期待发生的那样巨大。但凡此种种无不是表面现象。这种痛苦在我们心里如本应该有的那种方式表达出来,但它们有一种超越我们感觉的尾巴。这个尾巴转变为其他的表达形式:发笑、困倦或者极其强烈感受到的冷漠。

＊

诗人和形而上学家赋予我们周围事物的并非含意或真正的意义,而是与事物匹配的含意和意义。

＊

上帝没有心脏。贝多芬用他的音乐为上帝……构思、设计、制造了一个。

＊

我在花园里看见一只黑猫在高高的草丛间跳跃着追逐一只白蝴蝶。猫的跳跃是使寻求优雅和对称的眼睛感到愉悦的名副其实的弧线;蝴蝶的飞行形成不规则的之字形曲线。蝴蝶终于逃脱了追逐。我由此懂得,对付线性的紧逼追逐,蝴蝶的不规则飞行是一种决胜的拯救性安排。在大自然中,即使是最明显的笨拙举动也包含至高的理性。

＊

世界及其一切是否真的可以归结为科学家今天所说的"物质"

吗？若果真如此，我或只能提出一个抗议：人自有其考虑和激情、喜悦和痛苦，或应该在其周围有另一个世界。

*

在文艺复兴时代的画中，可以看到落在裸体女人身上的蝴蝶。画家们的这个优雅想法并非仅出于装饰的动机。这里包含着对于大自然的十分正确、精细和鲜活的观察，因为蝴蝶确实对女人们赤露的身体有一种偏爱，它们在那里发现了花儿的芳香、色彩和甘露。常常把女人和花儿混淆起来的并非只有男人！

*

有一个正字法错误是所有诗人都可能犯的：在一首真正的诗的最后一行诗句末尾，不画句号。

*

进行创造的人无需拯救。

*

一首译诗首先应该是"诗"，其次才是"翻译的"。当然，这项工作包含着若干风险：译诗或比原作更美，"译者"因此实际上变成了"作者"。但无论如何，诗的译者应该期望能够获得这种作者的身份，否则他还是放弃这项工作为好。

*

我们不应该用诗人们的爱国主义来自欺欺人。他们全体的祖国在月球上。

＊

就诗歌创作而言,你有计划和有系统地蓄意积累的经验远不如生活给予你的偶然经验更有效。

＊

最有价值的箴言具有符咒的效应。它们是充满魔力的思想。

＊

精神活动就其本质而言排斥浅薄。物质活动本质上包含浅薄的东西。所以,精神活动中的浅薄远比物质活动中的浅薄更为可耻。

＊

艺术作品中存在并应该存在德行,但它是不可度量的,即使放在末日审判的精密秤盘上也计算不出它的分量。

＊

充斥僵化的道德说教的艺术作品,属于美学之外的领域。

＊

生命呼吸氧气。天才呼吸自由。

＊

要拥有并保持一种天赋、内心的财富、神明的赐予,你不必在意它们。海贝是聋子,但只要活着,就在自己体内保存大海的低吟。海贝一旦有了听觉,大海的低吟或将停止。

*

荷马笔下的希腊人没有同神明、上苍相关的形而上学感；却有同死亡相关的形而上学感。

*

激励创造的病是更高层次的健康。
由此可见，医生或应具有一种较少医学色彩的疾病观。

*

为了生活需要生活理论的人，为了兴奋需要兴奋理论的人，为了激情需要激情理论的人，为了存在需要存在理论的人，还是让别人去关注生活、兴奋、激情、存在为好。

*

我从来不是为了实践而爱好理论，而是为了理论而爱好理论，而且在我的这种爱里倾注入诗人的激情。

*

天才永远是一个着迷的人，他着迷于自己的灵性，仿佛那是一种异在之物。

*

感觉或是一种密度很大的情感。红的感觉是眼睛的情感。任何一种声音都是耳朵的情感。而心的情感则是周围的各种感觉的稀薄的延伸。

*

衣服下面的东西依然还是衣服。

*

一般说,具有创造性的艺术家的艺术"理论"比他们的创造"道路"更其错误。天才漠视理论。

*

抒情的天才把许多心灵和思想的原罪改造成美德。尽管无章可循。

*

灰烬乃火炭的尸体,但也是火炭的守卫者。

*

一个给春天披上绿装的山坡,在我眼里觉得仿佛是我的心灵之岸。

*

有些诗人为心爱的人和祖国甘洒热血。但绝大多数人只说空话。

*

植物将自己的根深扎进泥土,直至细微的沙洞,但伸不进原子核。人用头脑比植物用根更渗透入微,这种状况难道不是大自然秩序的一种偏离吗?

人天生要超越大自然的秩序。就某种意义而言,人或是期待大自然报复的存在。

＊

没有任何东西像往事一样坚硬。没有任何人和任何东西能够改变往事。

＊

名人借助追捧者获得声势,借助敌对者凸显身价。借助追捧者,名人成为二维肖像。借助敌对者,成为立体雕像。

＊

任何一个非凡的杰出人物都处于英国人所说的那种"陛下"的地位。在英国,无论是说到政府或者反对党,无不习惯于称作陛下的臣下。一个名人的无论是追捧者或者敌对者,都是"陛下"的臣下。

＊

虚幻哲学本质上不太能抵御哲学思想,却异常适合于诗歌创作。据我看,虚幻哲学只是诗的托词。

＊

对于一个诗人来说,重要的不是融入诗里的哲学,而是他所具有的哲学。

＊

就我个人而言,觉得自己是一个"创造性的存在"。我的全部哲学是给予这种存在的一个理论支撑。

＊

一个充满阳光的秋日的伤感是深不可测的。它自然地深入我们机体,而我们的精神狂喜不禁。

*

一首诗的译者必须比创作者拥有更深的洞察力,来发掘蕴涵在原作中的潜在的诗意。

*

蒲公英象征性地实现一个最高的机体和精神理想:用种子为自己打造一个光环。

*

有一个新问题:我能否着手将爱米内斯库①的某些诗译成我的风格的罗马尼亚语?梵高在他个人的画风中"模仿了"德拉克洛瓦和米勒的画作。

*

如果因偶然事件,爱米内斯库的诗作留给我们的只有这样一句诗:"民间故事和多伊娜舞曲,还有谜语和咒语。"那么这位诗人的形象或会重组。这个诗句通过简单的举证,富有诗意和音乐感地回顾这个世界的所有令人着迷的创作。

*

泉水在地下通过或会染污它的物质过滤,得到净化。不过,这就是大自然作用的法则。诗也处于这样境地。
换句话说,诗像水一样:虽然经过化学净化,却未必可以饮用。

---

① 米哈伊·爱明内斯库(1850—1889),罗马尼亚著名诗人,他的诗作被视为罗马尼亚诗歌经典。

*

秋天来临,上帝从地上收获的只有圣徒们的光环。"他"也必须有东西填饱肚子。

*

有件事情是肯定无疑的:人间的爱情是统治地球长达六亿年的食人陋习的最后残余。

*

在一种语言诞生和构建时期,一个民族创作诗的全部能力消耗在语言的创建上。在这样的时期,这个民族没有通常意义上所说的"诗人"。

*

天鹅面对死亡歌唱。白昼面对黑夜勇气不减。

*

果实是压缩的粉末,犹如物质是压缩的光。所以,果实是粉末和光。

*

一个诗人可以利用而且确实用来创作了很多诗的宗教感情,在宗教的浓度和虔诚性方面很可疑。从这个观点来看,我觉得里尔克和克洛岱尔[①]极其可疑。而且,但丁也令人生疑。但事情就是如此!你要用蚕茧缫丝,蚕蛹必须首先被扔进滚烫的水里浸泡杀死。

---

① 保罗·克洛岱尔(1868—1955),法国诗人、戏剧家和美学家。

※

湖之所以映照星星，是因为它想成为天。

※

在上帝眼里，天使们下凡是否像诗人眼里的落叶那样构成一道田园诗景色？

※

唯有创作能够补偿一切痛苦。

※

为我们兑现许诺的不是老天，而是创作。

※

创作是我们的悲剧的唯一微笑。

※

爱是我们的悲剧的第二个微笑。或许是第一个……

※

在绝大多数人心里，宗教占有诗的地位；只有极少数人把诗视为宗教。

※

好诗自有其显证，犹如欧几里的几何。

*

对维永①的诗，我们只喜欢其内在的诗意。维永的诗还因为展现了一种语言的"颓废"景象，而被我们偏爱。

*

或应有人写一本颓废美学论。

*

愿望是一个认识无限的器官。

*

大理石有静脉，却没有血液。

*

两首无韵的诗以柏拉图的方式谈情说爱；两首押韵的诗践行肉欲之爱。

*

如果在几个世纪的时间里没有发生蛮族入侵，拜占庭文化或不会有它所呈现出的结晶的面貌。无论是在此前和此后的时期，历史的静态原理从来没有像我所说的这个时代一般，表现得比动态原理更强大。

*

现在或是沉默，或是唠叨；只有过去在歌唱。回忆的魅力正源

---

① 弗朗索瓦·维永（1431—1463），法国抒情诗人。

于此。

*

心灵不会淹死在物质中,正如鱼儿不会淹死在水中。

*

诗借助语词诞生,但对语词也有某种保留。

*

梦是心灵之灵。

*

海洋是大陆的记忆库。河流把它们在东方和西方各国看到的无数景象全部注入海洋。

*

痛苦有时乃至经常需要我们全部忍受;但快乐从未要求我们将其完整地永留心间。

*

"时间"是现实的童话元素:时间的最大奥秘之一——相对性,早在爱因斯坦之前,我就从民间故事里发现了。

*

大地或应该"改称"星座,因为这是它的本来面貌。

*

像太阳黑斑不是简单的斑点一样,人的黑斑也不是简单的斑点。

*

一则糟糕的箴言犹如大海在其中毫无回响的贝壳。

*

一首诗在正常条件下永远产生自心理、社会和物质的实在,但它无需在自己的身体上留下任何脐带的印痕。否则,任何一首诗或都变成夏娃。

*

就其创造力而言,任何一粒种子都是神。

*

诗犹如没有用密实的线锁边的一块布,它的边缘或会散开,却终究没有散开。

*

技术中,直线永远用直尺来画,为的是按数学法则行事;艺术中,直线永远直接用手画,为的是展示内心的震颤。

*

诗人和哲学家借助他们所说的深刻性,竞相比赛。但诗人的深刻性似乎比所说的逊色,因为他们所展示的是即兴之作;哲学家的深刻性似乎比所说的更深奥,因为他们所呈现的是一种方法或一个体系的成果。然而,我们对于某些深刻性所表现出的偏好或许并不取决于它们借以在我们面前展现的景象。

*

人的伤口像心脏一样跳动。难道心脏也是一个伤口？

*

诗在某种程度上或也是它自己的注释，但最好并非如此。

*

生活教我们学会遗忘……作为人们获得安慰的方式。

*

诗的一个奥秘：凡是能含蓄表达的，绝不直接告白。

*

抒情是从一个名词流出的泉水。但要从岩石中取水，需要一个摩西和一根魔杖。

*

自然规律在其一切方面都具有辩证性；其中不存在点滴灵感。

*

概括了大约十亿年的生物进程的人类胚胎学是大自然的一种速记法。

*

精神知道自己完全不同于物质。但精神由于其所具备的认识能力，不可避免地想象自己与物质酷似。

*

完美的梦催人老。

*

在这个世界的童话中,一片雪花落下自然不带有任何意图,或也没有任何功效,却能使发热的眼睑感到凉爽。

*

增进对于一门艺术的兴趣,能在不知不觉中也增进对于你不太关注的艺术的兴趣。

*

我对罗丹的看法发生了奇怪的变化。他曾是我青年时代的偶像之一。今天我不再崇拜他。一个将大理石转化为正在融解的雪的人,把物质规律置于何地?

*

你若专注于某一门科学的研究,务必也要学习它的历史。这使你戒除任何教条主义。

*

我们所有人都有人性的弱点,而且何其多矣!问题是我们怎么办,怎么应对它们?怎么将诨名、耻辱和嘲弄转化为名誉?

*

我们没有任何证据断言真理永远是简单的。但人的精神更喜欢简单的理论,而不是一个复杂的真理。

*

思想的狂热对青年或是一大优点，但对老人永远是一大弊病。

*

唐璜没有千种无关紧要的情愫，唯有潜在的性欲。

*

时间的侵蚀将古希腊人的色彩丰富的雕塑还原为它本来面目：白色大理石。多重色彩在希腊人眼里是东方风格的残余。

*

在一个陶醉于本土艺术的亚洲人看来，希腊艺术或是变了味的酒。

*

即使是最现实主义的人，也生活在一个与现实世界重叠的他自己的世界里。两个世界的重叠永远像不完美的彩色石印画：颜色与画的轮廓不吻合。

*

你当作绝对真理的一种观念劫持了你的自由，至少在某个活动领域范围内是如此。

*

错误或能成为自由之源。

*

根据"射电天文学研究的电磁波",包括地球在内的所有星球看来无一不是太阳系的组成部分。这门新科学对我们的世界图像造成多么炫目的紊乱!

*

可以构建一种将一个民族的书法与它的整个文化联系起来的高级字相学。古埃及的抄写员书写时,准备并实际上把字变成它的一种"木乃伊":保留辅音的骨架和筋腱,但剔除元音的血肉。

*

恐惧乃是对于我们与宇宙之间产生的"断裂"的一种惩罚。

*

季节是一种气质。

*

"自学成才者"的文字一般比在校学成的作家的文字更"学生腔"。

*

在科什布克①的作品里,不太见到民间文学的气息。他与农民的联系是主旋律。但科什布克是一个有着知识分子广阔胸怀的乡土作家。他并不停留在民间诗歌的创作热情的窠臼里。他的作品是具有高

---

① 乔治·科什布克(1866—1918),罗马尼亚作家、诗人,罗马尼亚科学院院士,以擅长撰写民歌和民间故事著称。

度文化修养的表述的乡土化。他的诗句与民歌不可同日而语。无论是他的叙事体作品或者抒情诗，都并不突出民俗的基质和形式，不把它们提升到主导地位。

*

一些人戴着的假面具或比他们的本来面貌更适合其形象，更能体现其本性。

*

人类的种种理想在任何一个时代都不能完整地树立。他们只能部分地、依次轮换似叙事诗般树立，而且始终借助并不人道的手段。

*

天使是道德和痛苦的机器人。从人道精神的观点来看，像一切自动机械一样，他们是毫无人性的。

*

我们有许多道德偏见只用于他人，很少用于自身。

*

道德意识可以有不同的硬度和不同的层次。硬度大的道德意识或能与道德偏见手拉手并行。最高层次的道德意识与偏见不相容。

*

道德意识有着十分微妙的处境。即使摆脱了道德偏见，它也正在经历危机。

✽

对己的评价并不比对他人更严格的人,力戒对他人进行道德评判。

✽

亚历山大大帝的最好的肖像画,乃是他的赫赫战功地图。

✽

有时,我觉得人比上帝更好。

✽

有人断言,我们认识神圣事物的能力取决于我们做此事的能力。但我认为,我们做一件事的能力远超过我们认识它的能力。

✽

你专注于一门科学或任何精神领域,意味着心甘情愿地走向衰老。

✽

教育学自存在之日起就谋求取消或者缩短人的童年,这样做的真正目的或是延长或者甚至永远保持童真的美德和人品。

✽

任何道德命令都必须通过正确的情景感矫正。否则,道德或蜕变为病态的一成不变观念。

※

我与逻辑基本原理之间的唯一联系是我的身份证。其余一切都无关紧要。

※

名字与人之间有否某种联系？很难设想。不过，歌德的名字内含神性之意，荷尔德林的名字内含精巧之意。教皇博尔吉亚（Borgia）名字中的尔吉亚（orgia）意为放荡。拿破仑（Napoleon）名字中的仑（leon）意为狮子。莫扎特（Mozart）名字中的后三个字母 art，意为艺术。如此等等。所有这些名字可谓名如其人，仿佛是有意选择的诨名。

伊昂·卢卡·卡拉迦列[①]诞生于哈伊马迦列村，人名与村名暗合，意为流浪者。

※

约翰·拉斯金[②]当然是一位审美道德家。但他的著述也向我们表明一个"道德家"发展审美意识的局限。

※

我们的气场是我们身体的一种扩张。我们是严重膨胀的生物。

※

汇聚在心脏里的血如汇入圣杯，因为圣杯有心灵的功能并获得了精神的意义。

[①] 伊昂·卢卡·卡拉迦列（1852—1912），罗马尼亚著名剧作家。
[②] 约翰·拉斯金（1819—1900），英国文艺评论家、社会学家。

※

谎言之爱无疑诞生谎言。真理之爱未必诞生真理。

※

数理逻辑全部包含在数字概念之中。形式逻辑全部包含在本质概念之中。

※

哲学家胡塞尔在某处断言,欧洲观念或欧洲精神始于孕育了无限观念的希腊哲学家。大谬不然。欧洲观念同"权谋"观念关系之密切,是它同其他任何东西的关系望尘莫及的。无限观念是传入欧洲的一个亚洲观念。

※

古典主义与浪漫主义之间的斗争或对立,在历史上有最繁多的不同形式。就根源而言,这种对立归根结底是欧亚两个大陆的对立。

※

欧洲不是一个大陆,但生活在作为一个大陆的幻觉之中。欧洲的历史即是这种幻觉的历史。

※

保罗·瓦莱里无疑是一个"善于思考"的作家。不幸的是,他进行思考并非为了向我们揭示实质性的东西。他不断和几乎专一思考的是如何转变风格。

＊

现代哲学对于各种信仰缺乏警惕，始于笛卡儿的名言"我思，故我在"①。三段论好歹依然通行，只不过在"思"的前提中渗入了某种不可控的东西。

＊

各种艺术的综合受到德国人更多关注，各种艺术的专门化受到法国人更多关注。这两种倾向在其完满实现之时，却显示出过于张扬和故弄玄虚。

＊

艺术的任何理论化，势必要求立即进行种种纠错的所谓规范化，永无休止。

＊

文学批评就定义而言是"小品"，因为从来不可能面面俱到。就其对象性质和手段的类型而言，批评的处境宛如始终在无尽头的路途上徘徊。

＊

一个真正有道德的正人君子在伦理关系上对己比对人更严。

＊

在一部古希腊文学的研究著述中，我读到关于公元一世纪的毕达哥拉斯学派的某些论述。我首先发现，这些毕达哥拉斯派的人物甚至

---

① 原文为拉丁语。

在罗马拥有地下大会堂。我把"地下大会堂"视为一个辉煌的象征。我认为,这种想法与"本源"观念并不相左。建造在大地这个母本之下的大会堂,成为本源,在其中礼拜的人是精神的"产物"。

※

首批基督徒的"地下墓穴"无论如何都同这些受追捕者的"逃亡"的需要有着联系,我倾向于认为它们也具有毕达哥拉斯派的地下大会堂的某种精神功能。

※

一般说,特定科学领域的专家,即便是最优秀的,对他们领域的原理、规律、普遍性都有某些似是而非的外行的看法。

※

对自己是生命怀着反射性敬畏的宗教,出现于老虎、蝎子和眼镜蛇成群的印度。

※

如果我们从万物所创造的文化的视角来看待它们,那么可以假设印度人只使用形容词的最高级。

※

"告诉我"是一句任何人都很容易了解其意义的极浅显的话。但追本溯源,"告诉我"意味着"说真话"。日常用语的追本溯源之路往往把我们引向一种蕴涵的形而上学。

※

要产生海市蜃楼或曰虚幻美女,光必须从地面经过天空,再返回地面。这个虚幻美女真的很漂亮吗?

*

阴性是历史的一种缓和的亲密形式。

*

信仰教条意味着相信历史可以中断。

*

大自然恒定不变地在复制中延续。"世袭"一词委婉地界定了这种复制。

*

在不复提供任何论据的情况下,"希望"像上帝观念一样成为道德意识的一个公理。

幸而有自然辩证法。绝望的顶点呈现希望的曙光。

*

牢记时尚心理学和社会学不能从内地生成。在时尚问题上,整个地球变成一个大都市的属地。

*

中世纪时装仿照了哥特式教堂线条的形态,今天的时装为何不仿照空气动力学的线条?

*

"保持中立"者放弃了历史舞台。

*

不懂得选择的人，很容易甚至很高兴接受独裁，因为这免除了他们做出决定之苦。

*

精神的修养极大地促进宗教；人性的修养极大地促进美德。

*

本能属于奇迹范畴。世界上任何地方的森林都没有像我们国家那样满布雌杜鹃鸟。但杜鹃要到印度越冬。想必大海给予了它们克服长途跋涉的劳苦，直飞至猴子也有神庙之国的思恋魔力。

*

科学家更多地选择观念，而不是问题。对于问题，科学家只在借助某些观念实际或潜在地可以解决它们的情况下选择。哲学家更多地选择问题，而不是观念。对于观念，哲学家只在借助它们得以深化问题本身的情况下选择。

*

有一类人，包括知识分子，选择一切问题，却不选择任何一个观念，譬如说托马斯·曼。这些人作为哲学家，由于不选择任何观念，也就不能深化任何问题。

*

你不能不做让步而统治一个世界。罗马帝国把所有的地方神道接纳进万神庙，尊重被征服者的习俗。哲学中的"帝国"也是如此。黑格尔将一切形式的非理性吸收进他的泛逻辑主义。

※

各国人民因愚蠢付出的代价远比失败的战争更惨重。

※

"绝对命令",或曰康德所说的道德律,乃是堂吉诃德的直系末代子孙。你可以嘲笑它,可以赞美它,按照……

※

芦荟一生几十年借助根来繁殖;它们只有一次开花欢庆自己多产并在死亡前夕得到真福。

※

一种哲学思想或观点,开始可能是我们外形的表述,只是随着时间的推移,它才变成我们的血肉和骨骼。

※

按照神学家们的看法,上帝是我们企望的一个领养老金的退休人员。一个曾小有成就的院士,但现在不再从事任何工作。

※

意识有时是一股压倒一切的强大力量,我们不得不在它的压力下被迫工作。

※

洞穴学家告诉我们,在岩洞里保存着地球其余地方已经消失的生命形态。可能还存在一种精神洞穴学。我们觉得伊朗即是这种保存着诸多古代宗教生活形态的洞穴学圣地。那里是景教、拜星教和琐亚斯德教等教派的发源地。

*

镜子如果发现走到它面前凝视的人不是看它,而是看它里面的影像,或感到很受伤。

*

想模仿伟人的平庸之辈不是增加自己的能力,反而加以限制。

*

大自然依然在上小学。因此那么坚持描红。它不断重复,念念不忘学到的格言:"复习是学习之本"①。

*

直率在适度范围内当然是一种美德,但这种品德经常在持有者身上同另一种极应谴责的倾向掺杂在一起;说话直率的人太容易自以为是,相信自己所说的即是真理。

*

我不能消除这样的感觉:在其通常所说的意义上,道德说教的特征是空洞玄虚。我不断试图说服自己相信事情也许正相反,但没有成功。

*

神学所描绘的天使不可能是比人高超的存在。具有十足的奴仆意识的天使怎么可能比具有自由和创造性存在意识的人高超?

---

① 原文为拉丁语。

✱

康德从人性深处发掘出道德律。他给我们指出了恶的干枯的源头。这样的景象颇令人忧伤。

✱

一个思想流派的最高表述同时也意味着它的一种超越。譬如说伊曼努尔·康德对启蒙时代就是一种超越。

✱

如果我们将动物看作生命的一种正常形式，那么从所有各种观点来看，人是一种巨大的畸形。但这个结论正是一个启示：必须用完全不同于动物的观点来看待人。

✱

我们在玻璃窗上看到的冰花转瞬间在我们眼前生长出来。它们是死水之花。生命生长得很慢。

✱

对大人物进行评价的人必须十分小心，因为这种评价活动也是对评价者自身的拷问。

✱

在历史进程中，有过为宗教、哲学或政治观念献身的殉道。我们时代的最大新闻是你也可以为了诗而成为烈士……别无"罪过"。

✱

弗里德里希·尼采因童年和漫长的天才少年时代的慢性麻痹症受

尽折磨。他有一颗日渐变坏的温和的心。他带攻击性的有害观念像逐蜜的黄蜂一样在他内心挣扎。

*

具有特殊"气质"的人不能专一和过度地从事某种技艺。他将始终按自己气质之需来做事。其次才是学习表达方式和形式。

*

有一种通俗的奇迹感，亦即将奇迹置于不可能与现实之间；还有一种比较深刻的奇迹感，亦即将奇迹置于可能与现实之间，这种感觉将奇迹与日常的、习惯的……一切等同起来。

*

几位大道德家认为，必须制止人类从事形而上学思辨，他们是佛陀、孔子、康德。但形而上学报复了他们，因为他们的道德观念有着典型的形而上学的维度、深度和广度。

*

没有人比黑格尔更善于抽象论述"具体"概念。他的天才正在于此。

*

若我们不得不提防神的妒忌，试想该花多大力气防备人类的妒忌！

*

大哲学家们各自将人的意识的一个方面发展到极致。柏拉图发展了意识的观念化倾向；斯宾诺莎发展了理性；形而上学家们发展了思辨的想象；现象学家们将智性发展到极致。

*

众所周知，在一个蜂巢内，雄峰在完成它们承担的在空气中翻飞，求偶交配的职能后，黯然退休，在遭受大规模屠杀中了结残生。这样的安排合很符合功利主义，却极不道德。

*

聪明人不会因执拗变得更加聪明，傻瓜却必定因此会变得更傻。

*

面对空间，国王们充满占有欲。

*

怀疑是我们只能症疗的一种疾病。

*

认识活动消灭不了奥秘。我们获得的新知识愈益确切地突显未知领域。

*

幽默可以用德语的一则语言游戏来最好地加以定义："*幽默从来都是苦中作乐*。"①

*

对游戏不表现出过度热情的孩子不会闯大祸。

---

① 原文为德语。

＊

　　人具有完美的形而上学视野。这与人所处地位的定义相关，正如圆心和圆周与圆的定义相关。即使是人的偶然的"反形而上学"态度也有形而上学的内涵。

＊

　　不仅教会思想具有经院哲学性质。任何系统和教条式地发展的哲学都在某一时刻进入经院哲学阶段。一个坚持其思想的普世价值的哲学家，必将把自己的观念发展至经院哲学开启阶段。一种思想的所有经不起检验的弱点由此开始宏观地显露出来。

＊

　　什么是经院哲学的征象？同一个概念框架内出现的定义过泛，随意区分，尤其是各种各样的伪问题。凡此种种，造成花样翻新的形式主义代替了实质。

＊

　　我把亚历山大诗体的风格视为产生自词语的一个实体的表象。真正的风格永远源自作为真实实体的词语。

＊

　　我的精神具有使自己从诸多困惑和疑问中解脱出来的一个恒常的基本"辩护词"：谈到神学，我永远指的是所有神学，而不仅仅是基督教神学。

＊

　　各种哲学问题永远比这个或那个哲学家使用的术语所指意义更加

深刻，从无例外。

*

没有任何事情比从漫无主题的争论中提出或调动论据更耗费精力。在那种情况下，所谓论据其实是意在制造争论主题。

*

对某一个人的作为、业绩、作品质量做出最高评价时，你务必真诚。进行鼓励性的评价时，可以发点讨好的议论。

*

一场凄厉的滂沱大雨后，天空为什么如此晴朗美丽？为了表明给予比接受更快乐。

*

哲学的答案从来不是真正的答案；但它们是推动问题逐步深入的要素。

*

愚昧或许真的是最崇高的一种精神形态。各种不同的"信仰"即是证明。

*

毫无疑问，信仰与理智之间存在某种不相容性。研究这种不相容性或将产生一本大部头著作，乃至一套百科全书。

*

信仰显示理智的局限。有时，一种信仰可能完全毁掉最有洞察力的理智。

*

就本性而言，理智倾向于否定信仰，正如信仰本质上倾向于使理智失效。

*

理智产生宽容。信仰产生狂热。

*

没有信仰因素的理智缺乏根基。没有理智因素的信仰不成其为精神。

*

决定历史进程、实体和创造形式的精神因素越是古老，越有机会在未来长期传承。

*

在文学、艺术、思想等一切精神领域里，一些"原创者"的门人也自认为很有原创性。这些人通常患有引号遗忘症。他们只有一种杰出才能——以引章摘句冒充原创。

*

永远是句子的主语，从来不当宾语！一个语法家或许会这样定义人的尊严。但这是语法家的理想和视野。

*

在荷尔蒙与理性汇合点上产生诡辩。

*

就文学评价自身而言,写得漂亮(文学的意义上)终究是一个书法家的标准。

*

在讨论、争论、政治斗争和战争竞赛中采取守势,使你拥有的实际力量减半。

*

中国精神擅长用城墙将自己围起来。对于一个中国人来说,最近的城墙是自己的皮肤;然后是衣服,再后是房子,以及房子的围墙,最后是城墙。中国人的最远的皮肤是长城。

*

一旦没有了情感和创造力的爆发,苦行主义也就失去任何意义和合理性。无论如何,大自然找不到其他论据来为苦行主义辩护。

*

疾病是完全负面的生物症状,却有可能在精神的齿轮传动系统中获得一种正能量。精神有时将生物缺陷点石成金。果真若此,通常的治疗医学岂非丧失了部分作用和用作辩护的许多口实?

*

我们不否认心理分析的价值。但它问题很多。心理分析试图以它的方式来治愈的所谓情结,或许主要是在精神领域里比缺乏情结或清醒的平衡更有创造性。于是,产生了疑问:这样的治疗有什么好处?难道不能站在人的创造精神这种更高的视角来提出医学改革问题吗?

※

一个标准的三段论完全说明思维过程的贫乏性或死角。由此可见，诡辩有时可能比三段论更有创造性。

※

一个时代的文化及其内在风格和精神，创造那个时代思想家们不自觉地利用的丰富前提。

※

在生活问题上，现实主义永远带有一种失败主义的色彩。

※

在今天人类生存环境的日常贫困中，用一种思想来回应现实，意味着勇气。

※

一个哲学家若想用一句严厉的话来形容某个"一事无成者"的无能，那么再也找不到比这更合适的言辞："像一个三段论一样无能。"

※

在与人相处中，我们受"个性化"的倾向控制。对于某个人，觉得爱、恨、同情等等。至于动物，我们却并非以同样的个性化态度来看待。对待动物，我们似乎更多地感受到一种普遍的同情心。我们的感情重点在此更加明显地放在类别上。

青春的魅力在于美丽、爱情、快乐。它是一种积极向上的信号。老年之魅则在于丑陋，也许还有无法无天。这是一种消极衰退的信号。但我不相信有哪个老巫婆没有过青春。

*

精神错乱者像正常人做梦一样进行思维。正常人在睡梦中是否也成为精神错乱者？

*

你觉得在用他人的大脑进行思考？这是谋求将一种思想当作教条灌输给你的人梦寐以求的奇迹。

*

一个人用以完整地阐释某种信念的技巧与另一个人用以成功地掩盖自己缺乏信念的技巧之间的差距，准确地反映人品与技巧之间的差距。

*

青年时代你喜欢各种风景；进入老年，往事填满了风景。

*

一个作家或者艺术家一旦出现明显征兆，表明自己的娴熟技巧已经成为前进的一种障碍，那么他就到了临界年龄。

*

我曾经在国外认识一个小说家，他在每年气候温和的几个月去乡下写作。寒冷的几个月，住在城里为自己写的书大张旗鼓而又有条不紊地组织宣传。此人六个月写作。冬天的六个月用来做广告。这位小说家当然是个笔墨耕耘的好管家。但我认为，如果作家养成冬眠的习惯，或有益于品质和水准的提升。像熊一样。

*

辛辣之味有着久经考验的配方，对于它的测试或可以上溯至帕斯卡。此类配方是一种灵敏精神的产物，而非精确精神的反映。苹果奶酪馅饼不可能是"辛辣的"，除非不用苹果片和薄面皮来做，而用苹果片和女人的丝袜来焙烤。

*

一个伟大的思想一经宣布，举世震惊，以致使人很快忘记了它形成过程中必经的各个阶段。精神史应该不断矫正诸如此类的不公正言行，在人们的意识中重建各种思想的"雏形"。

*

毫无疑问，存在着文学成功的技巧，犹如存在某种政变技术。但是，按照这种技巧研究处方写成的书不会持久走俏。

*

宗派精神有十分固定的渗透方法。其中居于首位的最重要的方法，乃是用或多或少类似医学的方式，向信徒们灌输一种永远夹杂着足够剂量①的愚民成分的"救世"学说。

---

① 原文为拉丁语。

※

　　我们的意志付诸行动的场地充斥意识之外的各种张力。我们浸淫其间的自由意识是否来自诸如此类的无意识？如果像一些思想家所坚持的那样，不排除这种情形，那么另一件事情更应该是真实的：我们心里有着如此强烈的保持自由意识的基本愿望，以致竭力忽视能够忽视的一切，以免抛弃这种愿望。

※

　　在希腊语称作"Kosmos"即"饰物"的我们这个世界里，一切都能开花结果。不仅是植物，而且包括动物和人。甚至还包括元素。鹅毛般的雪片，乃是开花的水滴。

※

　　在"目的为手段封圣"这一原则基础上所能做的最滥的事情，乃是神学家们甚至以此为诡辩加冕。

※

　　上帝创造"心灵"，魔鬼就对自己说："我也要造一个同样的东西！"于是，魔鬼制造了"肉体"。
　　肉体是从来不甘落后的魔鬼的仿制品。魔鬼想造的另类"心灵"。

※

　　形而上学既充斥致病观，又填满治病观。形而上学制造危机，又导致更高层次的健康。

✶

前不久,一个青年告诉我,他头脑里正在孕育一个形而上学体系的草图。他希望自己的"创作"得到我的检验。我拒绝听他讲述,对他说:"什么意思?你想将我变成你的创作工具?如果你觉得创作的灵感在胸中涌动,那么你自己应该就是检验工具。"

✶

评判他人的作为,乃是一种意识的训练,但还不是意识。

✶

就其本质而言,箴言徘徊于格言与讽喻之间。

✶

任何箴言必须想说的比所说的多。

✶

一个没有创作野心的人对于文化的关注,乃是对于真正意义上的文化的关注。文化创作者对文化的关注永远含糊其辞。

✶

"死亡"是超脱某些外在规律控制下的物质的解放过程。

✶

不规则动词集群说明一种语言的气质。

✶

数学是一种语言吗?无论如何,数学是用表意符号书写的,犹如中文。

*

耶稣会士是为一个基督教的魔鬼服务之人。

*

只有在箴言文化中,而不是在其他任何地方,皮科·德拉·米兰多拉①的态度才能得到辩解:只有在这个领域里,适合于谈论所能知道的一切和更多的其他事情。

*

"嫁接"产生的东西不是为了自然的需要,而只是为了人的需要。自然拥有它所没有开发的无限可能。

所谓文明,最初就是开发自然拥有而未曾利用的各种可能。

*

围绕心理学的一个评注:可以用截然相反的两种视角来观察人。从上往下看人的天使们看不见性事。从下往上看的魔鬼们只看见性事。

*

要求歌剧剧本成为经得起高水平文学评价标准检验的独立文学作品,是不适宜的。

*

我们也这样看待诗歌与朗诵之间的关系。朗诵作为自在的艺术,

---

① 皮科·德拉·米兰多拉(1463—1494),意大利人文主义学者,被认为是文艺复兴的最有代表性人物之一,创办佛罗伦萨柏拉图学园。

其最繁荣的发展是与平庸的诗作联系在一起的。高质量的诗作要求中性的朗诵,即要求将朗诵视为单纯的交流工具,而不是作为艺术的朗诵。可以说,好诗一般不适合于装腔作势朗读。

*

颇为荒谬的是,没有什么值得表现的人特别想表现自己。富有涵养的人通常很有自制力。

*

萤火虫将自己的光环戴在性器官周围,而不戴在头上。

*

"永远站在弱者一边!"这则格言到处适用,超越了社会领域。它可以导致正确的精神平衡。在神话思想向理性投降的时刻,你站到神话一边!在神学将理性贬入奴仆行列的时刻,你与奴仆站在一起!

*

星期天是星期的乌托邦。

*

一般认为技术扼杀想象自由、美和心灵,但就其最新成果而言,有可能将童话、诗和长生不老植入宇宙。

*

很遗憾,唯美主义作为生活态度常常是性反常的一个遁词。

*

还不存在大写的"人"。只有当思想自由成为生活的一个内涵,而不是公设之时，地球上才会出现大写的"人"。

※

哲学家与普通人之间毕竟存在某些差异。试举一例：普通人一旦患上自恋症，这种痛苦意味着太爱自己；哲学家身上的自恋永远表现为观念的自恋。

※

可以设想还有一种天使的心理分析，那或是一种颠覆性的科学。性行为在天使们看来或是神圣的崇高精神愿望——天堂怀旧的"象征性物化"。

※

"进行革命"或"臻于完美"是摆在所有艺术创作者面前的问题，其迫切性不亚于著名的生与死的问题。

进行革命！臻于完美！两者从来不可能在同等程度上同时进行。

※

单独一个作品中不可能体现的天才，可能在整个生命进程中得到展露。

※

希望心理学回到心理分析前阶段，意味着你不自觉地宣布自己是一个落后国度的公民。在这个问题上，不可能再有退路，只能前进，继续前进，走得更远，更远！

※

人们不仅患有"自卑情结"。一些人也患有"自大情结"。这种情结使患者产生的缺陷之多，与自卑情结所造成的不相上下。

*

不要盲目使用可用的武器来毁灭真理。赞美敌人患有的"情结"，使他们不能用清醒的批判意识看待自己的情结！

罗马尼亚人应向敌人不断重复同一句话："你们是世界上最伟大的民族！你们的艺术举世无双！你们的女人最美丽！你们的历史无与伦比！"如此等等。

*

一件地理上的平常事，或许具有重要的精神涵义。试举一例：在罗马尼亚的版图上，特兰西瓦尼亚是一片巍峨的高原！

*

人的精神缺乏乌托邦引导，就不可能最大限度地实现可期望的愿景。

*

与意愿相比，任何成就，即使是最伟大的成就，都是失败。

*

在我们的世界里，逻辑有着最多和最令人意外的惊喜。无论就形式或者维度而言，左手与右手完全一样。然而，左手毕竟不能戴右手套。

*

男人的老年或能带有历史遗迹和时光的古旧色彩魅力。女人的老年则不然，因为女人原则上拒绝古旧色彩。

＊

敬请注意：各种伪问题特别能引发思维的极端敏锐性。

＊

逻辑是忠诚性走向极端的最高级形式。

＊

女人对于秘密表现出天然的宽容。在女人的意识中，秘密是一个异体。

譬如说希望一个女人保守某个秘密，这个女人若能成功地保守秘密，必然会因此生病，至少是荨麻疹。

＊

童年是最天真无邪的，最具有天堂一般美好的色彩，最神圣，但同时也是人的最无道德观念、最野性和反常的年龄。

＊

有人习惯于走路漫不经心，尽管试着改变走法，以另一种姿态迈步，却依然故我。

＊

地球上所有的语言都很美。我们不懂的葡萄牙语，在我听到一个美丽的姑娘讲之前，觉得很难听。听到她讲话的那一刻，整个葡萄牙语变得充满魅力，尽管我依旧听不懂。我懂得甚至能使用匈牙利语，但在读奥第·安德烈的诗之前，始终觉得很生硬和粗糙。读了这位诗人的作品之后，我的耳际和心灵深处无不觉得匈牙利语美不胜收。

*

绝大多数愚蠢言行兜售的不是愚昧,而是极其活跃的、跳跃式的、独特的智慧,尽管其自身并不具备其中蕴涵的精神价值。

*

若按照人类历史经历来判断,政治的使命似乎在于促使思想退化。

*

政客们完全排斥思想标准。他们将思想像蘑菇一样分成两类:"可食用的"和"不可食用的"。

*

地理和历史笔记:蒂米什瓦拉①竭尽全力培育一种内地人借以炫耀的现代主义。特兰西瓦尼亚北部的罗马尼亚人用或许是马特伊·科尔温②讲罗马尼亚语时的重音说话。摩尔多瓦人组成罗马尼亚的"软发明家"。布加勒斯特精神则浸透跻身于首都行列的小市民习气。

*

怎么说生活中也做戏的女演员们呢?作为作家,我讨厌将各种文学体裁混为一谈。

*

视野一定程度上的狭隘,即使最杰出的天才也常常不可避免。作

---

① 蒂米什瓦拉,罗马尼亚西部城市,蒂米什县首府。
② 马特伊·科尔温(1458—1490),匈牙利国王,其在位时期,欧洲文艺复兴文化艺术开始深入匈牙利和特兰西万尼亚。他的宫廷被认为是该地区的人文主义中心。

家们一再表现出对同行作品麻木迟钝。在这方面，他们显得甚至比最普通的文学读者更落后。

*

只有动物才有先验论或天生认识。灰鹤一出蛋壳，就认识半个地球的地理。没有任何经验的蜘蛛，天生就掌握织网的全部技术。某一种类的胡蜂具有解剖学知识，对它在其中产卵的一种幼虫的若干神经中枢，了如指掌。只有人必须终生痛苦和勉为其难地"学习"。结果又如何呢？人需要花几十年时间去掌握许多事情的入门知识，最终甚至读不懂一句完整的话。

*

大自然是一本满篇印刷错误的书。不幸的是，第一版出书时连"勘误表"也未齐备，而编写第二版尚需时日，面世或遥遥无期。

*

只有在一个共同的平台上才能与人进行意见相左的争论。

*

试图将一切中和、拉平的民主，有着一种不易察觉的倾向——不再使用形容词最高级。

令人吃惊的是，瑞士人还没有削平他们国家的诸多山峰。

*

神学家们认为，最大的谬误或许不是创造人的头脑，而是"天理"——神的启示的一种申述方式。即使是对一切论据绝望的人，依然可以求助这种"天理"。

✠

令人吃惊的是，个体发育简单地重复种系发育这个胚胎学基本规律是由法国人，而不是德国人更早发现的。法国人之所以能发现这一规律，或是因为借助了语言的词源正字法。

✠

我相信艺术的潜力，但不相信艺术家们的“表现”。

✠

据说，我们的思维只使用半个脑球。地球上真的存在那么多多余的灰质吗？大自然秩序和经济中的这类多余资本能有什么意义？

✠

一种语言中蕴含着多少哲学！史前人要达到人称代词“我”所表达的自我认同，需要花多少精力进行思考！在任何一种语言的构成、结构、助词、词汇、语法和句法中，包含着一种难以言表的细微差别和意义深刻的哲学！一个民族阐释的哲学思想，在概念、观点和体系中展开的思想，永远是一个民族通过创造自己的语言而孕育的潜意识的和没有表达出来的哲学的原始阐释。

✠

一个特定活动领域里的人的狡黠程度，恰恰说明他对这项活动的无知无能。

✠

科学试图借助所有感觉来证明某种实在。进行实验，意味着深入探索，将手指伸进“存在”的张开的鼻孔。

*

开始赞美敌人,即是在敌人面前投降之始。

*

一位面貌姣好却带着职业的矫揉造作坏习惯的聪明女演员一再对我说:"真不幸,您的剧本都是诗,而不是戏剧!"我答道:"确实,但并非不幸,幸而我的剧本是诗,也就是说还原了戏剧的本来面貌。"

*

对一个人及其行为或作品做出正面或负面的评价时,不要忘记这隐含着对你自己的批判精神的能力和水平的一种验证。通过对他人的任何批判,你以某种特定的方式表明自己是什么人,站在什么立场上。

*

"这事关荣誉问题!"这样的话即使在外交生活中也日渐消失。以往的许多战争并非产生自单纯的荣誉问题!尽管如此,我觉得联合国是从根本上避免或消除荣誉问题的一个世界组织。这也是件了不起的事情!

*

格言永远是老人的智慧。箴言没有年龄。

*

大自然的任何事情,或更确切地说大自然的任何言辞,无一没有印刷错误。

*

一个哲学体系是哲学家为大自然制订的一张"勘误表"。

*

任何新经验的产生无不掺杂一定量的成见。

*

背离思维的某种严格规范，放纵自己违反任何法规，不知羞耻地出入下流的生活场所，窃取受人非议的放荡自由，与循规蹈矩遵守某些意识原则，在精神高地上晒太阳和享受水晶般清净的空气相比，能更加轻而易举地使你被看作天才，脱颖而出。

*

就其本质而言，任何信仰都是脱缰之马。信仰本身没有制动闸。它有雪崩的逻辑。适当的限制永远只能来自外部。

*

基督徒的《圣经》中提到表面看来如此无足轻重的本丢·彼拉多的名字，我不相信纯属偶然。在这部立意充当信条的最高文本的经典中，彼拉多突出地代表"人"，是以"人"的身份怀疑一切的唯一形象。

*

机械论和苦行主义是技术的两个极端产物。苦行僧是一部心灵的机器，机器是物质的心灵。

✳

谁被变成某种强迫观念的自己的意识所左右，就丧失了精神的主要属性：自由。

✳

康德深入并无与伦比准确地分析了审美意识。但他的艺术的感受力惊人地迟钝。他的感性认识只够理解一则寓言。他从诗中欣赏的主要是寓意，而在音乐中欣赏的是军乐进行曲。这种缺乏广阔视野的弱点与如此清醒的意识怎么可能在同一个人的精神中并存？

✳

有的墓志铭简单到极点，即使最无用的庸人也配得上："他的生肥沃大地，他的死改良土壤。"

✳

任何性质的历史实在，不论社会的、政治的、精神的，永远是乌托邦中获得成功的极少的一点成绩。历史没有假日。

✳

"信徒们"没有比害怕道德无神论者更甚的任何东西。

✳

肯定很少有人能近乎做到道德榜样。而在这些人中，绝大部分在某种程度上是道德强迫症的牺牲品。他们处于对法律的不可思议的焦虑控制下，并无名副其实的道德意识。意识本身是十分难以约束的，永远有着自由的内核。

※

对于莎士比亚，百科全书派还没有足够准确地确定他的作用和特质。百科全书派关于莎士比亚的评注或应这样开头："英国诗人，德国神道……"

※

只有你尝试将一种语言的名副其实的天才成语翻译成另一种语言时，才开始发现其精妙。在此之前，它们显得平淡无奇，毫无魅力。

※

我面前放着但丁的《新生》中的一首歌。这位神奇诗人的诗中的单独一个句子有多么复杂和多少分句！他的复合句就像中世纪时期把一切搞得很复杂的托勒密的世界观。哥白尼的世界观则简化了一切。随着哥白尼的观点深入公众的精神，诗句也变得简单了。

※

只要你不对镜自照，尽可自诩举世无双。

※

人人都有自己的爱好。神秘主义者觉得被上帝吞没即是幸福。

※

事物的象征比事物本身更快地变得庸俗不堪。一些事物开始惹人讨厌主要是因为它们的象征，而不是因为它们本身。

※

某些人或者某些制度将主题、创作方式或者工作领域强加于艺术创作者的专制倾向，实在令人发指，所以下令雕塑家米开朗基罗改行为画家的教皇应该归入人类的作恶者之列。

*

在一种文化创始之初，识字是一种特权。

*

浏览一下历史，你就会发现无数君王与他们时代的关系仅靠签名或印玺来维系。但只靠签名或印玺，而没有其他任何东西，你不可能在空间或者时间上确定他们存在。

*

全盘否定生活中的种种傻事的智慧，既没有实效，也缺乏活力。智慧应该以某种方式包容傻事。智慧是有这种包容性的意识，否则就无所谓智慧。

*

固守一成不变传统的文化，犹如一句同义反复的话一样令人生厌。

*

按照康德的说法，道德在每个人的意识中具有"绝对命令"的形式。我认为这种"绝对命令"若少一点命令色彩，少一点绝对性，或更道德。

*

暴风雨用无声的闪电，而不是雷声从远方预告自己的来临。

*

　　神话和古代思想更顽强地保存在今天人们的语言中，而不是在他们的神话和思想中。古代的某个时期，人类思想赋予一切事物某种性别或其他属性。在我们的语言中，所有名词都有性：阳性、阴性或中性。这是一种古代思想——旧石器时代的泛性主义的明显残余。

*

　　人类历史上有某些关键的重大时刻，那是必须超越而又是不可逆转的时刻。在康德的批判主义之后，再也不可能像在康德之前那样研究哲学。

*

　　哥特式风格及其动态性，乃是摆脱拜占庭风格的宗教呆板形式束缚的一个解放运动。可以说是路德之前的路德运动。

*

　　凡是以道学面貌出现，旨在充当其同胞表率的人，其行为无不掺杂可疑的伦理动机。

*

　　作为作家，没有任何事情能比印刷错误更使我恼火。印刷错误就像关于太阳神赫利俄斯的希腊神话里的女巫喀耳刻，把人变成动物，把英雄变成猪。

*

　　托马斯·阿奎那这个号称圣徒的中世纪伟大神学家将哲学称作神

学的"安其拉"①,即"女仆",许多神学家因此变成主仆恋的拥护者。这种新导向乃是意大利文艺复兴的前奏。

*

我曾在一个大西洋国家的古城见到一个古老的教堂。这座教堂以罗马风格、哥特风格、曼纽尔风格以及我所不知道的其他风格建成,却有巴洛克风格的壮观的门面。我觉得格外奇特的是这个建筑的门面构成一个隔离体。在它与整个建筑之间有一段距离——大约半米的空白。这种格调充分说明天主教会的心态。只有在这样一个世界里,门面、面具、外表才能成为屏风,独立的隔离体,在其背后隐藏着人、生活、居所和历史。

*

人,民族,种族,人类或可以用他们的历史来不断创造一部深刻和崇高的神话,但一个时期以来,他们试图做归根到底不可能做的事情:编纂历史。

*

在打败对手之前贬低他们,不啻事先在他们面前解除武装。

*

婚姻是富有寓意的寓言。我这样说,只是希望有朝一日将这个带有不同涵义的字谜游戏颠倒过来,谈一谈"寓言的寓意"。

*

更细心地看,强者给弱者的援助是一种纳贡。即使是战胜者也需

---

① 原文为拉丁语。

要在诸如此类的纳贡形式下收买战败者的人心。

*

战争中一方的无条件投降是一个过于简单的用语。这从来不符合实际的力量对比。无条件投降是某些时刻战败者的潜在力量不再能提及的偶然事态用语。

*

寓言家是只有像动物一样思考时才变得聪明、机智和天才的人。

*

绝大多数诗人在自己的马厩里喂养的不是"飞马"珀伽索斯,而是一部词典。

*

智慧的最高作用是创建理论,而不是取得经验。建立在经验基础上的"理论"不同于经验,高于任何经验。

*

智力水平不同的两个对手之间进行对立的争论是不适宜的。智力水平高的一方的观点可能获胜,但通常需付出降低争论水平的代价。

*

对手很容易迫使你降到你已经远超过的行为乃至判断水平。与诡辩论者的斗争迫使苏格拉底变成"诡辩者"。

*

各种哲学问题是永恒的,永远是开放的。不论进行争论的是什么人,这些问题要求一种水平越来越高的讨论。

*

精神本质上是不宽容的。物质,生活,历史,无一不是启迪它学习宽容学说的导师。

*

科学理论在同它的本源——经验的关系中,始终有着割不断的联系。所以,科学理论从来不是自身独立的学科。只有形而上学理论能说明理论精神的主权。

*

天使由于缺乏意志力,所以缺乏道德主轴。他们的名副其实的天国的纯洁性是感性的。所幸天使无论面对诱惑抑或强权,都不低头屈服。

*

你可能不仅在言辞上,而且在行动上或是十分简练,或是信口开河。

*

凡是没有像未愈的伤口一样的意识的人,都正在丧失意识。绝大多数的人都带有思想的伤痕。

*

狡诈的人通常认为,正直是愚蠢的一个征兆,正直的人很少是聪明的。

＊

东正教徒首先是基督教徒，然后才是东正教徒；天主教徒首先是天主教徒，然后才是基督教徒。

＊

在遭受某种痛苦时，信徒的心寻求补偿。狂热崇拜即是这样的反常行为之一。

＊

每个人在宇宙中具有分数的价值。分子因人而异：生活。分母是共同的：死亡。

＊

形而上学不仅是一般人的心灵在宇宙中的投影，而且往往是一种特殊心理在宇宙中的投影。

＊

根据费希特的哲学，只有"自我"具有存在。而且，绝对而言，这首先是"行动"；作为存在核心的这个自我看来酷似一个狂躁的偏执狂患者。

＊

莱布尼茨用单子，用没有通向外部的窗户的心灵来构建世界。单子是彼此完全隔绝的世界。在莱布尼茨的时代，精神病理学尚未比较清楚地认识精神分裂症。今天，莱布尼茨的世界或许可以界定为一个精神病院，在栖身其中的精神分裂症患者之间，起主导作用的是一种先定的和谐。

※

当我们耻笑某种现实感时，表明不仅思想上的自相矛盾，而且过分的一致性都是精神错乱的征兆。

※

我们的影子在黄昏消失前突然增大，仿佛受到某种巨大的幻影诱惑。那是每个人都能有的丰碑。

※

只有光而没有阴影构成的人物没有表现力，不是鲜活的。无论生活或图画中都是如此。

※

意愿的易变是女人形象的组成部分。过于执着的直线行为，前后一贯，固定不变，就像长胡子一样让女人难堪。

※

伟大的成就从来不是产生于明确地或甚至模糊地追求这些成就的意图。梵高的本意只想制作挂在阿尔勒的某些小市民、海员或者妓女居所墙上的彩色石印画。结果却掀起了一场艺术革命。

※

对于植物，没有任何东西比地球更丰硕。对于精神，没有任何东西比秘密更丰硕。

※

只有思想或多或少紧随文明进步的步伐。我们的一切情感仍亘古不变。

*

随着我们衰老，我们身上的杂质愈益显见。雪只是在开始融化时，才露出自己的污垢。

*

男人并非是与女人一样的天生演员。

*

何时女人才是其自身？

只要还年轻，女人无一不是一个靶向性的存在。她们将想象不断投向一个理想，一个原型。而进入老年，女人变成自己的一幅漫画。

*

"教条"体系中，只能将"天才"的称号授予注释家，从不授予创新的思想家。

*

时间是永恒性的一种疾病？

*

基督教尼西亚会议①发布的《信经》断言，逻各斯是真正的上帝中的真上帝。关于哲学，或许可以说是异端中的异端，但这是哲学的

---

① 应是指公元325年由东罗马帝国皇帝君士坦丁一世在尼西亚（今土耳其境内伊兹尼克）召开的第一次尼西亚会议。会上出现了对于基督教信经的激烈争论。一般认为，这是东西方教会分裂之始。

幸运和荣耀。

※

激情富有传染性，正如哈欠一样。

※

哈欠不仅有其生理机制，而且有细节丰富的一整套心理机制。厌烦，当然还有困倦，但有时也包括我们不愿意表现出来的轻微的兴奋或者激动，都产生哈欠。

※

青春期及其心灵和精神危机，乃是伴随有诸多现象的正常年龄段。一旦青春期延长，损害成熟的潜在机制，那么它就不再是一个年龄段，而是一种病态。

※

精神危机及纠结于其间的倾向，乃是青春期的一种压制和颓废的华丽装饰。

※

政治中没有比辩证战略和策略更有效的手段，可以用来搞乱敌人队伍。

※

任何个体都是一个异端。

※

"绝对命令"只是道德的骨骼。鲜活的道德是有机的：有血有肉，有心肝脾肺，有大脑。

*

"绝对命令"作为道德律，一旦以其固有的严格性贯彻于生活，势必产生某种怪物。

*

狂热崇拜促使即使是最高级的智慧染上愚昧的色彩。

但是，精神若缺少诸如此类的愚昧成分，或永远不能以任何形式在世界任何地方立足。面对这种进退维谷的境地，我们怎么办？

*

历史没有遗忘的事情变成传说。历史忘记的事情变成编纂史学。

*

物质世界与非物质世界之间存在某种对应。"晶体"我觉得与精神是近亲，而植物界和动物界与"心灵"相似。

*

道德原本是为极其简单的宇宙和历史环境构建的。今天，我们生活在错综复杂的环境下，不允许我们用一种世传的意识来实现自我。随着时间的推移，我或应成为立法者，来规范我所思考的种种现状。

*

哲学在其从开始至今的所有历史阶段，都是神人同形说的一个翻版，只是形式更加轻盈和精细。同时哲学又是以越来越苛刻和明确的形式不断进行的对神人同形说的一种批判。所以，哲学在整体上和整个历史进程中处于下意识的神人同形说与自觉的神人同形说之间。哲学不能自欺欺人,寄希望于有朝一日走出这个怪圈。

※

"真理"在我们头脑中应有的位子往往是空缺的。但重要的是我们脑海里存在这样一个"位子"。并不构成真理的种种思想代行其责。

※

我不想根据世界的现实意义来界定哲学,因为这种意义或是平庸的。通过哲学,我们期望赋予世界以最崇高和最深刻的意义,能与我们自以为认识的世界的一切相配。

※

我不太有负罪意识。创作不断使我解脱这种主要因思想贫乏造成的痛苦意识。

※

康德哲学中,"自在之物"(神秘之物)投射在一个二维平面上。我的哲学中,"神秘之物"是一种具有多维凸起的凹面体。

※

文学风格的首要的最高法则与金钱政治的规则密切相关。这种规则教你学会不要发表没有黄金储备支撑的言辞。对于这个规范的任何违背,势必导致通货膨胀。

※

伴随创作活动的或许有形态迥异的各种意识。我正在阅读吉卜林的一本自传。谈到自己的作品,吉卜林经常仿佛在谈一桩"生意"。

这里掺杂着英国人的商贩意识。然而，这并不妨碍吉卜林成为一个伟大的诗歌天才，一个远离物欲的小说家和"无私的人"。

*

怀疑主义是必须加进教条大杂拌中的一点点盐。否则，教条就没有人消费。

*

时间和地点的一致性只存在于生活的正剧里，从来不发生在戏剧中。

*

人用教条充饥，教条则吃人。

*

你想识别风向，需注视烟，而不是鹤的飞行。鹤遵照一张宏伟而深不可测的宇宙图飞行。它们在大气中建造金字塔。

*

我觉得一个狂热者的热情是与更美好的事业相对应的……永远如此。

*

词义在历史进程中渐渐物化，导致何等严重蜕变！"气"一词在古代具有完全是精神的意义，而今天则指的是充气轮胎。

*

政治的任何正确定义仿佛是对于政治的诋毁。因为，政治本质上依然是把建立在天性基础上的各种利益组织起来的机制。

*

多么奇怪！神秘主义大作家们通常也是禁欲主义者，其作品却充斥色情画面，比《圣经》《旧约·雅歌》更加露骨。

*

存在着科学家为了能够说真话而不得不装疯的时代。我试把这样的时代称为"神学时代"；这样的时代即使宣称是"无神论的"，却终归还是神学时代。

*

死亡观念充斥一切直至饱和的那种意识，面临要么解体，要么变成英雄的选择。

*

观念正在出卖自己，为了能付诸实现。

*

与任何美德等同的真正希望，只不过是不再有任何基础的希望。

*

存在主义是由各种极度平庸的观念构成的一种哲学。

*

为某个真理进行的"宣传"，正在使真理变质。

✻

蛀虫将苹果早熟的特殊功绩归于自己。

✻

通常用来鼓吹某种伟大思想的教条主义,源于思想家的病态,而不是他的天才。

✻

技术是现实的创造力。

✻

犬儒主义者是处于动物水平进行思考的人。犬儒主义者不论多么机敏,依然是"亚人"。

✻

一种学说的丰富性在于孕育出众多异端。

✻

历史是尚无人提炼出其寓意的一个寓言。

✻

"物质"这个词充满神话的回声:它源于物质被看作世界本源或者甚至是万物发生之神的时代。

✻

杰出的记忆是能够用来生活的天赋,却不能用来创造。

*

尼古拉·约尔加①若在其所具有的诸多精神天赋中稍少一点记忆才能，或能成为更加伟大的人物。

*

相信精神天生就是记忆，这样的观点是柏格森哲学的基本错误之一。这位法国哲学家通过研究物质构建了关于精神的观念。要达到这样的目的，他或应首先研究文化。

*

从日内瓦的原子能国际会议②传来消息，有一位学者表示相信在未来的二十五年中，生活将因和平利用原子能而完全改变。原子能的和平利用将导致新技术造福于人类。到那时，"诗歌创作"也将变得何其容易！希望在我七十岁时能发现自己的放射性缪斯女神。

*

在我想象中，死是一件如此困难的事情。所以，每个死人或应为取得这一成果感到庆幸。

*

奇迹是自然现象的一个同位素。

---

① 尼古拉·约尔加（1871—1940），罗马尼亚著名历史学家、作家、评论家和政治家，罗马尼亚科学院院士，布加勒斯特大学教授。
② 联合国第二届和平利用原子能国际会议于1958年9月1日至13日在日内瓦举行，有69个国家的科学家参会。

*

从亚里士多德直至黑格尔构建的自然哲学尽管具有思辨的特性，却比伽利略－牛顿类型的自然科学更注重经验。经验事实首先是判断标准和面对最高法院的陈述；其次，经验事实犹如一个很容易坐到被告席上的证人。

*

马丁·海德格尔从来就像一个为既存文本做边注的注释家那样研究哲学。这是他的一个假面具，因为他的思想原创性远比一个注释家或能够做到的大得多。实际上，海德格尔即使在评注康德或荷尔德林时，也并非做注释。

*

智慧就其本性而言是相对主义的。超高智慧与愚蠢都有说话绝对和极端的倾向。

*

任何教会都希望她的儿子们永不离开她的怀抱。但教会因此而变得荒谬，犹如一个希望自己的孩子留在自己体内永不出生的母亲。

*

生活是由无限多的因素、状态和过程、关系和互动构成的一个复合体。任何试图将这个复合体的某个方面加以合理化的干预，至少暂时导致一种难以理清的状况。应该允许生活有必要的空间，独自对种种合理化的干预做出反应。

✵

我们面前有两个大人物,堪称两大寓言。两个寓言的标题为:一个叫做迪米特里耶·康特米尔,另一个叫做尼古拉·约尔加。他们的寓意是一样的:一个历史学家永远不要变成政客。

✵

在我们这个好战时代,用军事科学的术语说到原子,仿佛是在谈论可以被炸掉的"要塞";一旦世界和平确立,必定会以另一种方式谈论。

✵

没有任何一门科学像历史学那样遭受如此多的曲解。我只需提及诸如杰出的苏里曼等奥斯曼帝国的伟大苏丹也是重要的诗人这一事实,就足以窥见被征服者对征服者的看法是多么不真实。

✵

弗洛伊德通过心理分析向我们揭示的东西,只是当时的科学从自己的经验中得到的认识的一部分。弗洛伊德或在未来将被看作圣父们的一个门徒。

✵

坚守逻辑并在著名的三段论形式的框架内展开的思维,就像原地踏步却模仿行军的一个老兵。

✵

任何一个女人都是恪守自己秘密的秘书,也就是说她以一种职业的组织精神筹划、保存和传播自己的秘密,就像一家股份公司或一个搞颠覆的组织一样。

*

神秘论乃是恭顺和谦卑面具下的极端高傲自大的表白。它是想成为上帝的人的憧憬。我觉得这样的憧憬与其说是宗教狂热所致,毋宁说是居心险恶。教会从来对神秘主义大人物持某种保留态度。

*

苏格拉底在当时最理性主义的城市雅典兜售他的极端形式的理性主义,以此来满足市民们爱好如画美景的趣味。

*

个人是人的一种非常不稳定的状态。

*

清正廉洁当然是一种罕见的品德,但我不知道自己为何想看到这种品德主要贯彻于重大问题。若只贯彻于微不足道的小问题,这种品德本身的面貌也就变得渺小和平庸。

*

一个奴隶的最高梦想不是成为自由人,而是获得也能像奴隶主一样颐指气使的特权。

*

擅长服从的人尤其擅长命令他人。真正的自由人既不擅长命令他人,也不擅长服从。

*

只是为了树立榜样而道德高尚地生活,这种做法极其严重地贬低了生活的道德本性。

*

教条主义和狂热崇信不是适合于创造的精神状态。

*

超现实主义不仅是我们时代的一种艺术模式。《启示录》是一部杰出的超现实主义作品。中世纪画家博斯①的画也是如此。主要是梦魇构成超现实主义艺术的心理范本。

*

人能够获得的认识永远是人神同形。即使是在因果观念的最抽象的表述中,也掺杂进了一点人神同形说。

*

存在着一种价值的等级或阶梯排名。其中占据首席的是精神价值。社会价值,政治价值,不论多么崇高,都不能占据这个首席。历史上有多少次强制确立社会和政治价值居首地位,结果无一不导致偏离正轨和严重紊乱。

*

半个世纪之前,自然现象使我们惊异,而科学排遣我们的惊异。近年来,自然现象较少使我们惊异,倒是科学的答案越来越使我们

---

① 耶罗尼姆斯·博斯(1450—1516),荷兰画家。

吃惊。

*

人类历史上只有一次,一个城堡的城墙是被敌人单纯用号角声摧垮的。那是在巴勒斯坦的耶利哥古城①。

*

试图掌握大写的"真理"的所有思想家和意识形态专家,无不出身神学家门第。他们正在把神的启示世俗化。

*

我们说某人固执,是因为他的态度不只是执著,而且或多或少缺乏理性。

*

任何哲学体系都自身包含某些基本矛盾。事实证明,一个哲学体系与其说是体系,毋宁说是一个机体。

*

箴言耻笑或替代一个体系。

*

多么奇怪:演奏者一般比创作者更有把握赢得荣誉。

*

从佛陀到甘地,伟大的思想家都有雅利安各族入侵印度时从猴子

---

① 有关记载见《圣经》《旧约·约书亚记》6:1~25。

那里学来的坐姿。

※

只有缺乏自由的精神才害怕异端。

※

精神没有任何必要将一种观念改变为教条。在一种观念教条化过程中，干预期间的永远是精神之外的利害。

※

在每一种语言中，世界以独特的方式得到反映。由此可见，任何一种语言都不可能是另一种语言的镜子。

※

经院哲学是任何教理哲学的儿子。

※

任何教条都是用一切恐怖手段潜在地武装起来的观念。

※

尼采所理解的"权力意志"实际上是一种本能——统治的本能；它像生命一样普遍；精神及其价值则与本能完全不同；精神不能按照"权力意志"来改造，除非甘冒"人"的观念面目全非的风险。

※

谈到"隐喻"，有人说是一种掐头去尾的"比较"，仅此而已。但两者有着精神上的差异。最勇敢的"比较"保存着某种现实主义精神，而即使是最温和的"隐喻"往往也包含某种超现实主义的内涵。

*

天才最常见于儿童。通常随着"走向成熟",儿童和少年丧失这种特性。能否防止天才随着走向成熟而毁灭呢?教育学,教学科学尚未提出这个问题。但教学科学或许根本不会提出这个问题,因为这门科学就其本质而言看来至少包含解读这个令人遗憾的过程的部分答案。

*

人的一生中,第一次"老化"大约发生在七岁。进入这个年龄的儿童通常丧失自发性、天才。他们的想象力不再起主导作用。第二次老化众所周知发生在七十岁前后。

*

"因果性"观念或"实体"观念源于人神同形思想,而且今天依然有着人神同形说的残余。但这种评价并不强迫我们抛弃这些观念。实质上,所有"文化",不仅是某些观念,都包含人神同形说的某些方面,而且十分重要。文化即是人神同形说。

*

什么东西能引导我们更安全地行进在已经注定的命运道路上?是我们的软弱抑或坚强?

*

在系统发育的进化中,生物学上完全各具特性的各种"类人"适应环境,从而最终完成进化为"人"之路。这一过程以某种方式也在人类的精神领域里重复着:智力过度专注于某个领域,阻碍人真正成为"人"。

*

无可救药的衰弱等于衰老。衰弱和衰老，难道只是偶然的半谐音吗？

*

对过去的现实感发展成为杰出的史学精神，却损害对现在和未来的现实感。

*

世界提供给我们的"形象"，乃是纯粹精神生活在地球上所能获得的最大好处。

*

"精神"能够以我们所知的力量和确切性表达为影像，这是人性的最深不可测的因素。

*

编写优秀的历史剧，意味着将幕后真实发生的事情搬上舞台。

*

人及其活动的真实历史是康特米尔向我们提供的他的生活史一类体裁的"象形文字史"。

*

设想上帝期待人的祈祷和祭品，意味着你认为上帝有极其可鄙的统治欲乃至自卑情结。

*

告诉我你能献身赴死的原因,我能对你说的不是你现在是什么人,而是你想做什么人。

*

哥特式建筑的橄榄形窗户和多角拱顶是没有办法中的办法,并非刻意追求。它们出自从建筑学的角度接合和封闭一个空间的想法。哥特人的这种本意却成为无限的垂直线的胜利。

*

史学除掉假面具,历史哲学则为之辩护。

*

贫困有时能够具有某种正面的功能。譬如说,相对贫困保证农民在其艺术中的高尚趣味,诸如他们对待线条和颜色的质朴风格,以及建造和装饰房屋的方式等等。一旦富裕,缺乏趣味随之进入他们的生活。因为,农民的趣味很容易受到腐蚀。

*

三段论从来不可能有诗的功能,诡辩却或能有这种功能。

*

黑格尔哲学尽管如此抽象,有时却充满诗意。

*

尼古拉·约尔加:按照他自己的陈述,是一个像其他人一样的普通人,但没有时间阅读他自己写的著述。

＊

天才，即使是最伟大的天才，他们的作品和生活中也难免犯即使是智力平平的人也不会犯的错误。

＊

科学是一种答疑的学问。哲学毋宁说是提问的学问。

＊

罪犯有时感到他们犯罪就像做苦力一样累人。

＊

人们想骑马时从马一侧一跃而上，但没有那么多人能像骑马一样驾驭事件，创造伟大的历史场面。

有一个事实毕竟是至今存在的：一般说，历史是各种意图的一个校样。

＊

无神论者不是不信上帝的人，而是心目中没有任何神圣事物的人。

＊

你若研究历史，应该不断观察一件事情：四季是一季节继前一个季节之后到来，而不是后一个季节产生自前一个季节。

＊

混沌在世界起源之初可能是富有创造力的，文学中时而也是如此。

✽

人人都向往不受制约的自由：谁也不愿理解，我们只享有能够为之承担责任的自由。

✽

动物往往比人更像雕塑，因为尽善尽美是它们生存的一个范畴。

✽

保姆们组成了同业公会并挑选罗马的城徽母狼作为自己行会的象征。

✽

任何一种伟大的文化中，诗人和哲学家是里程碑。只有我们罗马尼亚人会极其幼稚地相信，历史学家和语言学家是里程碑。

✽

每谈到做好事，我始终有点犹豫。因为没有任何东西强迫我们去做越来越多的初次那样的好事。

✽

冲动地思考，等于没有思考。冲动作为前提的一个破坏因素跻身于三段论。

✽

每个儿童都是一座凯旋碑，表明生命在绵延几十亿年至今尚未结束的大战中战胜死亡。

*

一个人出于信仰自封为某种学说的卫道士，势必丧失"讨论"的权利和资格。

*

技巧为任何艺术所必须，但其使命主要是克服艺术家人为制造而非天然出于艺术品本身的困难。

*

只有违背《旧约》和《新约》的道德戒律，我们才能实现具有精神创造的生活。

*

历史上所有的大立法者身上无不突显一种无法无天的恶魔倾向。

*

当前科学的风暴式发展表明，现实的最流行的表现和表达方式皆是悖论。

*

稍留意一下各种科学成果，即可看到幻想、空想和悖论乃是比不久前的常识、理念和神圣公理更现实主义的发现工具。

*

数学隐蔽和有机地进入动物的本能活动；至于精神所决定的活动，数学则以公开和纯粹的形式进入其中。

＊

离开大胆创新，就谈不上艺术。但真正的艺术将创意涵化，而为赶时髦制作的艺术则借以炒作。

＊

我们向低等生物学习美德和品行。花朵向石头学习色彩。

＊

宇宙的任何一部分都期望同化"整体"。但"整体"及其理性或超理性对抗这种企图比对抗"部分"的任何其他企图更为强烈得多。"部分"存在的悲剧性正在于此。

＊

二流智慧天使谈到普通天使时说："劣等种族。"

＊

我们只能将精神恍惚状态同我们的本能联系起来；同保障精神协同性的本能联系起来。

＊

对生活进行哲理思考，意味着将生活的涵义和公设上升为意识，亦即精神的更高度清醒。

＊

月亮在我们的语言中是阴性。也许因为她有双重面貌：一面向我们展现，另一面永远隐藏。

*

女人说话留七分,呈现一种疑虑并发症。男人说话一句是一句,有疑虑也直言不讳。

*

大缓冲帝国比小缓冲国瓦解得更快。

*

没有任何东西比害怕异端更阻塞研究之路。

*

历史上尚未有过任何一种纯粹观念。看来,历史甚至患有"纯粹性"恐惧症。

*

纯粹观念的父母是哲学家。历史的演进则是为了揭穿哲学家的谎言。

*

动物靠本能来引导在凡尘的行动,人则依赖神明。

*

许多人依赖他人对他们的看法生活。这是缺乏个性的最明显形式。

*

坟墓是大千世界里无限增大沉默的一种乐器。

＊

莱布尼茨将一切事物置于其权力下的"先定和谐"观念，乃是上升到宇宙权力的"宗教礼仪"观。一切仿佛全在一个仪式世界中行进。单子不行动，它们"司仪"。

＊

诗、艺术和思想等精神作品能在地球的任何地方产生。精神模特在我们这个世纪却只能从某些地方产生：巴黎的艺术模特，德国的思想模特。

＊

意大利语与罗马尼亚语是如此相近和相似，所以没有一个罗马尼亚人能完美地学会意大利语。

＊

在我的这部或那部诗作中得到体现的意义和价值，超越了我有意识地构想的这些创作的意义和价值。其中的某些意义和价值只是在几十年后的今天重读时才上升到我的自觉意识。超越我的意识的绝大多数意义和价值，将被比我更有清晰思维天赋的人揭示。

＊

从艺术创作者的多少不自觉的这种状况来看，文学艺术批评所肩负的任务既重大又高尚。

＊

我所关注的当然不是沉默的动物，而是沉默的人。动物就定义而言，是无言的"生物"。沉默的人或许是"非生物"。

＊

我们对于自己当然也肩负责任，但这些责任不仅关系到我们自己和我们的能力。

＊

平庸的艺术家比大艺术家远多得多地把艺术问题与艺术技巧联系在一起。当然，任何艺术和艺术家都有自己的技巧。但一个艺术家必须懂得的重要原则是他将把自己的技巧发展到何种境地。因为，技巧的发展超过了某种界限，势必危害艺术本身。

＊

诚然，道德不排斥我们追求幸福的权利；不幸的是，我们或多或少尝到道德铁律的苦涩，即使是在获得最正当的幸福时刻。

＊

一个作家若以同样美好的笔调描写他相信的事情和不相信的事情，那么他只是一名技工，而不是作家。

＊

我们更喜欢水以其汇入泉源的本来方式自然地流出。由此却不能得出结论说，一个画家必须使用从铅管挤到调色板上的油彩的纯净原色作画。精神具有不同于肉体的另一种规律。

＊

若圣徒像蒲公英一样借助头顶的光环繁殖，世界或将充斥圣徒。

*

有一本地球过去十亿年的战争编年史：人类个体胚胎学。

*

文艺女神缪斯同她的诗人见面时颇有些尴尬，因为她的形象或同诗人描述的不很相符。但缪斯女神的魅力正在于此。

*

激发创作的任何爱都具有合理性。

*

对于心爱女人的讽刺犹如绞刑架下的幽默。

*

一种思想只说出一半就戛然而止，即刻变成抒情诗。

*

依然有很多人不能舍弃自己的哲学。绝大多数人之所以不能舍弃自己的哲学，是因为相信这种哲学像相信他们的大写的"真理"一样。我之所以不能舍弃它，是因为把它直接视为我的创作自由的产物。难道果树能舍弃自己的果实吗？

*

若不能拥有至少一个可信的模拟物，单一的"前提"不成其为"前提"。

※

英国的气候适宜种草，罗马尼亚的气候适宜种苹果，葡萄牙的气候适宜种葡萄，德国的气候适宜种土豆，意大利的气候适宜种橄榄和无花果。由此得出的结论只有一个：适宜种某种植物的气候，也适宜写诗。除此之外，不能有其他任何结论。

※

我们能够在完全不同条件下重复做第二次的事情，确是我们习以为常的事情。拿破仑却在临死前说：不能第二次重复做自己做过的事情。

※

一九五九年五月，月亮完整地呈现在人类技术网上。这是破天荒"第一次"！在古代，人不乏幻想，有时在自己脑海里把人变成一个宇宙的存在。今天，我们借助技术开始真正变成宇宙的存在。

※

有些种类的植物，譬如雪松①，寿命之长竟与神仙同龄。难道神仙与植物的亲缘关系比与动物更近？

※

就制造某个人的神话或传说而言，此人的沉默比夸夸其谈更有效。

---

① 原文为拉丁语。

*

你不得不生活在工业的污浊环境中，在机器、水泥粉尘、高炉和身穿工作服的人中间工作，一旦踏入田野，在百灵鸟的歌声中游走于麦穗间，心头不由得产生从现实进入神话之感。

*

最后形成"概念"的"文学人物"通常是鲜活的。以"概念"开始的"文学人物"通常是死的。

*

在英国，幽灵是建筑的元素。

*

假谦虚是一种罪过……犹如傲慢。

*

史前某个时候发明了"车轮"的伟大技术天才，无疑处于十分幸运的星座光照下。这个发明在自然条件下近乎不可理解。我相信在某一天早晨，太阳升起时没有进入上升的轨道，而是像一个金球一样滚进了此人居住的洞穴，停在了这个伟大的工程师面前。这个天才懂得，太阳进入他的洞穴是为了向他示范，教他制造某种东西。他知道发挥自己天才的时候到了。

*

确实，大自然终有一天将像一个既生动又令人愉快的神话一样展现在人面前。

*

物质的各种聚合是合乎道德的状态。分子的严密排列秩序乃是固体的一个特征。分子的无秩序排列则是液体和气体的一个特征。

*

虔诚的宗教徒有时比不信教的人更多地随口说出意在亵渎神明的话。

*

我毕生经常悉心研读哲学史,但没有从中找到解决我的疑惑、困扰和不解的"答案"。我从哲学史中能够获得的最大财富是某种"哲学经验"。这种财富丝毫不同于通常所说的"经验"。"习常的经验"来自我们借助思维力同特定世界的接触。"哲学经验"则来自同"奥秘"之洋彼岸已经思考和组合过的形形色色"哲学"的接触。

*

主要通过诗选,而不是不同诗人的诗集——不论有多少卷——来培养自己趣味的诗人,对自己的要求最严。

*

今天的判断即是明天的偏见。

*

回声是一个声音的死亡。只有人才相信回声是某种永生不灭之音。

✳

歌德说:"只有不足才是创造者。"
我认为这种说法主要适用于女人,而不太适用于男人。

✳

多么奇怪!同我的哲学进行论战的所有人批判的思想,也正是我所批判过的东西。

✳

要劳动,必须用胳膊和手。要创作,必须用翅膀。胳膊和翅膀当然具有共同的原型,但功能迥异;胳膊和翅膀或属同源,两者却不存在任何类似性。

✳

在一个艺术家借以创造自己**艺术**的条件中,有一个很容易导致扼杀艺术:技巧。

✳

有些创作天才具有最适合没有个性的人发展和繁荣的气质(维永、卢梭);另一些创作天才却只能在某种个性的根茎上发展和繁荣(埃斯库罗斯、荷尔德林、费希特、克莱斯特)。前一种类型的天才如果有了某种"个性",就不可能取得他们实际已经取得的成就;后一类天才如果缺少了"个性",很少能有所成就。其实,就创作的效果本身而言,所有这些情况实际上是不确定的。

✳

一个天才通常具备适合他的天才最佳展露所必需的气质。恰如其分，不多也不少。

*

　　一些以封闭的方式乞灵于技术和城市生活的现代作家的诗，给我的印象很像一个装着空调的实验室。
　　我一生在大自然和农村中生活，漫步在橡树林和葡萄园里，不太相信空调。

*

　　超现实主义是自由的卖弄性表现。但艺术原则上排斥任何卖弄。

*

　　超现实主义艺术和相机艺术，乃是自诩具有"创造性人格"而走上截然相反道路的两类极端人物的产物。超现实主义艺术是断言"世界无非是我的噩梦"的唯我主义者的产物。相机艺术是断言"我不存在，只存在照相机最精确复制的特定世界"的数码人的产物。无论是超现实主义艺术或者相机艺术，都是"反艺术"的表现。

*

　　天主教会掌握着透视人的心灵的最大经验宝库。其次是几位俄罗斯小说家。

*

　　在古埃及神学看来，用于木乃伊防腐的盐、酸和香料乃是灵魂不死的证据。看来，这永远是*形而上学*及其"论据"之间的差距。

*

　　但愿我们能严肃看待一切。"我来了，我看见了，我胜利了。"

这是尤里乌斯·恺撒通告罗马他在东方凯旋获胜时所说的话，其言辞之轻佻仿佛不是告知一场战争的结束，而是做了一次散步消遣。

*

诡辩之所以如此经常地钻进我们的思想，并非是因为思维的某种缺陷，而是别有原因：诡辩是情感的逻辑。

*

生活及其一切表现将越来越深刻地受到经济原理影响。"省略"将成为明日文风的主要特征。试举一例："一滴泪从视云中落下。"（歌德《浮士德》中的女主人公玛格丽塔语）

*

诗学作为一种口头或书写风格的因素，阐释比喻和修辞手段。任何风格都可以使用一切种类的比喻和修辞，但作为某种特定风格特征的是对某种比喻或修辞的侧重。荷马风格爱好对比（因此也如此频繁地使用扩展的对比）。现代风格侧重于隐喻。莎士比亚的巴洛克风格则大量使用夸张，直至过泛。

*

可以采取各种修辞形式表达的情感、激情、情绪，乃是表面的心灵状态，不论显得多么动人。

*

讲演的最有效的因素是不夸夸其谈。

*

古代的罗马人和我们世界的英格兰人过去和现在只有不成文

"宪法"，这并不证明这些民族过去和现在或厌恶书写。这种状况毋宁说是另一件事情的证明：无论是罗马人抑或英格兰人，乃是爱好沉默的民族。

*

无论柏格森抑或保罗·瓦莱里，作为思想家都没有带来新理念，而只带来了新形式。

*

很难说理念在多大程度上创造历史。但有一件事情是确凿无疑的：理念是如此强大，以致历史上它常常取代现实。罗马帝国的历史上，有好几百年的时间"帝国"实际上已经崩溃。但导致帝国崩溃的蛮族在帝国的疆域里按照帝国的法律行动，受其制约或者甚至奉为圭臬，仿佛它们依然是一个现实存在。实际上，作为实在的帝国早已消亡；取而代之的只是一个理念。理念是如此强大，以致有时一夜之间能够重新变为现实。历史上，幽灵不是一个单纯的幻觉。

*

当老年是肉体控制不住其滑动的颓势时，它是丑陋的。但老年也可能是美丽的：当它作为满布时代烙印并在其中能感受到过去的脉搏跳动的"废墟"时。丑陋的老年是"曾经存在"的过去。美丽的老年是一个依然"活着"的过去。

*

热衷于现实主义思想的人必定同这种思想的一切不彻底性妥协。

*

在哲学思想存在二千五百年后，我们依然不能确立据以分辨

"问题"与"伪问题"之间差别的任何准则。每个时代似乎都在这方面有所创意,却与思想无干,而同时代的"精神风貌"密切相关。一个时代的风格制造的问题比批判精神多十倍。

※

你想"界定"的一件事情或者一个概念本身,似乎正伺机偷偷钻进你所给予的定义。有时,会以最微妙和富有颠覆性的形式发生。各种事物和概念仿佛有着颠覆定义的秘密嗜好。

※

连康德也未能避免此类逻辑悖论。这位哲学家试图用"绝对命令"来界定道德意识。他说:当你希望你的行动准则成为普遍法则时,就会有合符道德的行为。在这个定义中,他所界定的事物本身以极其隐蔽的形式偷偷地钻了进去。在道德意识的定义中,康德蕴涵着道德意识本身,因为只有一种道德意识才能提出个人准则转化为普遍法则的问题。所以,康德给予道德意识的定义类同于下述直线定义:"直线是两点之间最短路径。"

※

三段论及其各种不同形式不是思维的格,毋宁说是思维的体操动作。
一个人在日常环境中正常地运动时,并不用体操动作做伴。一个哲学家也是这样:当他展开自己的思维时,不必用三段论做伴。

※

礼拜活动对人,而不是对神有用。

＊

布加勒斯特女人从茨冈女人那里学会风姿绰约的步态。阿尔德尔地区的女人从玻璃神龛中的圣母那里学会了略显棱角的圣洁礼仪。罗马尼亚女人的步态或应将这两种类型结合于一体。

＊

所谓"古典",意味着将事物简化至绝对必须的线条。古典乃是一切多余赘物的死敌。

＊

定义一个"概念",意味着指出并补充某种特殊的差异。定义的偏差可能走向两个极端。古典主义者专注于本质,而经常忘记特殊性。浪漫主义者迷失于特殊性,而经常忘记本质。

＊

研究形而上学,意味着"鼓励"最高度的抽象。平静地躺在一只椅子脚边的猫咪,也大受鼓励,正在研究动物层次上的形而上学。黑格尔与猫咪在这方面的差别只在层次,而不是方法。

＊

任何理论无不将现实漫画化。

＊

形而上学家是失去了笑容的漫画家。

＊

《圣经》记载,使徒、多疑的多马要求将自己的手指探入耶稣的伤口进行验证①,此人堪称一个"现代派",或应该是科学家中间的一个圣徒。确实,进行"实验"的科学家正在追随多马的榜样。他们用手指探测大自然的伤口。

※

没有任何东西比在"装饰品"和"化妆"中更突出地显示人们缺乏情趣。化妆品是美学最成问题的一章。

※

权力没有授予任何人能够充当权力基础的精神天赋。精神天赋没有授予任何人充当精神天赋合理性基础的权力。

※

在"浪漫主义"时期,艺术丧失了自己的身份证。任何艺术同时又是另一种艺术。

※

伦理是人类的问题,而不是上帝的问题。这个问题或也可另作别论:上帝造人旨在期望人比他更完美。至少我作为对"本原"毫无偏见的一个形而上学家进行思考时往往这样想。

※

当你直上青云,到达同温层时,天空的蓝色显得越来越阴暗,最终在强烈的阳光下变得漆黑。你越是升高接近这个女神,她越发显出恶魔的面目。

---

① 参见《圣经》《新约·约翰福音》21:1~2。

*

女人有她们自己的狂热,如果任其发展,不知走向何方。男人同样也有自己的狂热,如果任其自由运动,不知如何结束。所幸的是,这两种截然相反的狂热沿着正常的人世生活的正确轨道彼此中和。

*

祷告时两只手掌的指尖合成尖形拱的教士发明了哥特式艺术。

*

为了准备应付需要勇敢的场合而事先学会决斗,这并不表明你在生活中真正勇敢。

*

随便表白"真诚"毋宁说是动物的态度,而不是人类的态度。人将真诚包裹在欲言又止和沉默的语态中。过度的真诚打动不了我,反而使我疏远。我相信自己不会受骗,怀疑其中必然有诈:不是想别出心裁美化某种极其无耻的行径,就是想通过坦白某些邪恶举止来原谅自己。这是一种装出无辜来迷惑你的犬儒主义,或是诱惑你钻进圈套的老谋深算的阴险勾当。

*

常识培育物质的显证。在其绝大部分历史中,哲学是一场旨在谋求物质认输的斗争。

*

人一旦"祛问题化",或不再成其为人。因此,任何哲学的终极作用即是受批判。

✳

用望远镜不但可以发现物体,而且可以辨别方向。只有太阳才有发光的伤口。

✳

随着自然主义和实证主义思潮而来的往往是这样的评说:"形而上学体系是概念的诗篇。"这种本意在于否定的评论使我体验到对形而上学体系的难以言表的**热情**,尽管当时我还是一个孩子。俗话说得好:适得其反!

✳

可以用多种方式"见风使舵"。譬如说风标:它随风向转动,却又固定在一个轴上。可见,人甚至可以把风标当作自己行为的模式。

✳

法国人宠爱逻辑,乃是他们性格变化无常的一种补偿。

✳

伟人犹如一枚银币,无论你怎么扔,落下时朝上的总是正面的头像,从来不是反面。

✳

不但有教条主义,而且还有极端教条主义。教条主义试图把某种学说固定在人们的意识中。极端教条主义则野心更大:试图把某种学说的独家注释固定在人们的意识中。然而,注释历来是多元的。

※

有时我觉得遗憾的是,不能以初读时的那种执着相信我如此赞赏的任何一个神话。我知道自己将踌躇和怀着莫大的悔恨离开人世:悔恨不相信死人复活和末日审判。

※

那些热衷于搞政治的政客的真正政治活动,从来不是出于单一的动机,而由多方面的动机决定。换句话说,政治活动不是限定的,而是"超限定的"。

※

一个实业家去观看一场莎士比亚戏剧,觉得他所看到的剧中的任何一个活动家毋宁说是话痨,十足的空谈家。此中原因在于戏剧是一种不幸的体裁:它期望表达行动,但表达的手段首先是使用"说话"。或几乎是只依靠话语。

※

康德在《实践理性批判》中遮掩《纯粹理性批判》中的无神论。

※

经验犹如落在我们衣服上的灰尘。我们必须时时清理。

※

我们不能避免这样的印象:河流既有肉体——河床,也有心灵——水。

*

我们犹如溪流和大江：流动着，仿佛有某个目的地，其实根本没有。

*

山矗立在原地，不愿做任何运动。它只能这样参与自己所处的星球的完美运动。

*

技术发掘大自然不能通过自身实现的一系列潜能。为了实现自己的这些潜能，大自然仿佛期待人的出现。

*

世界之眼，世界用来回头看自己的一只眼睛，那就是形而上学家！

*

从生存和生活的乐曲中，科学家只注意和记录乐谱，而不管音符。

*

真理沉默。我们作为人能够具有的与真理相通之处，也是沉默。

*

在宗教及哲学思想史上，我们经常遇到对"巫术"思想的限制。但我所说的这种限制并非源于反对巫术思想的原则态度，而是不否认这种思想方式本身正当性的立法结果；应用巫术思想只限于特定的现象或活动领域。教会规定巫术应用于"圣事"一词所限定的活动领域。

*

在祈祷时，所有人彼此看来很相像。所有人似乎都简约为一个公分母。

*

我们的日常姿态和活动中最多的是祖先礼仪的残余，我们不知不觉保留的残余。

*

我们每天和毕生不断与大地共进最后的晚餐。这就是对我们这样说的耶稣："你们拿着吃，这是我的身体！……你们都喝这个，因为这是我立约的血！"

*

护教学说始终处于困境，因为其本质就是"防护"。

*

个人与大众，不论是严肃的或者调皮的，同样表现出"激进地"解决问题的倾向。

*

远古和古代的文化人都有无节制的种种期望。他们期望变成神，却试图通过一种相当怠惰的方式，也就是说不是通过真正的修道正身，而是通过礼拜来实现。

＊

  一个像圣保罗那样富有灵智的人很遗憾依然过分迷信他那个时代的抽象——巫术思想。但"巫术"始终是灵修的最方便的途径，其结果只能导致幻觉。灵修的理想不能通过这条路来实现。通过简单的"洗礼"，你变不成新人。

＊

  我们模仿自己的影子，比猴子尤甚。

＊

  对米开朗基罗，我略有些不解的是他过于关注细部的雕琢。这种倾向我觉得同他的伟大不很相称。

＊

  一切"宗派"的特征在于它们越来越活跃的劝人改宗的学说。最使我感到困惑的不是在不同宗派信徒身上看到这种"特征"，而是发现它在诸如天主教等大教会的信徒身上更加突出。因为小宗派的狂热，或尚情有可原。

＊

  历史优先实现的想法未必能被看作是"现实主义的"。
  因为，创造历史的是具有幻想的人，好大喜功的人，乌托邦的狂热分子，而不是机会主义者或普通的功利主义者。

＊

  你不应对人类的任何蠢事随便表态，因为过分轻率的表态会使你变蠢。

*

任何一座山都是地质学的宝库。

*

大自然的出现若是源于"形式",那么艺术作品的"形式"则是显示第二力量、第三力量等等的形式。

*

一切独裁政权都把人视为可以用分母简约的分数。

*

一切自然现象都以其固有形式出现。整个大自然可以被指责为大搞形式主义。

*

在伟大的箴言作者中,我们遇到把"体系"思想隐蔽在应是自发思想体裁背后的思想家。德国早期浪漫派诗人诺瓦利斯[①]的作品乃是自发精神的真正大爆炸。在他的箴言中,我们发现一八〇〇年至今的所有哲学体系的确切而坚实的轮廓。我打开曾经读过的他的文集,看到我作了注释的箴言:在一条箴言边上我写了黑格尔的名字,在另一条边上,我注上尼采的名字;还有一条注明斯宾格勒[②]名字的箴言,甚至使我回想起新实证主义,如此等等。

*

在他的《片段集》的一七八二这个数字下,诺瓦利斯失去了区

[①] 诺瓦利斯(1772—1804),德国最重要的浪漫主义诗人之一。
[②] 奥斯瓦尔德·斯宾格勒(1880—1936),德国哲学家,"生命哲学"代表人物。

别"讽喻"与"象征"之间差异的很好机会：当"形象"显示或突出其他事物时，我们是在使用讽喻；当"形象"显示或突出自身，揭示自己的深层意蕴时，我们是在使用"象征"。

*

发现世界结构和形态中的一条新的形而上学矿脉，应被认为人类历史上罕见的一大功绩。

*

"你们拿着吃，这是我的身体！……你们都喝这个，因为这是我立约的血！"《圣经》所说最后的晚餐中的这些话与一种真实的超级魔力相对应，但只有在唯一的一种情况下：一个真正的诗人对你这样说时。当伟大的诗人对你这样说时，你就去领圣餐。

*

忧郁症使我们天生的自我幻想能力归零。

*

"目的或使手段得到宽恕"，耶稣会士的这个格言从道德观点来看问题极大，甚至可能变得严重违反道德。我认为，在某些情况下这个格言有其合理性。但这样的情况从来不可能出现在"目的"阶段，而只是在目的实现之后。一个超常的伟大精神创造一旦完成，在一定程度上可以原谅其使用的"手段"。何况，宇宙中创造先于道德。

*

"目的或使手段得到宽恕"或者"目的为手段封圣"，耶稣会士的这个格言早已声名狼藉，而使之受到彻底损害的正是生活在神学假想的世界里而谋求实现无论如何实现不了的目的的耶稣会士自己。他们活动的结果,只剩下"滥用手段"。

不过,这个格言有时或许还是言之有理的。将其付诸实践存在风险,必须由具有在现实世界,而不是假想世界里完成创造使命这样信念的人来承担。

*

大洪水时代的人推出的"时尚"一直延续几万年。今天,类似的"时尚"在法国至多热闹一季。

*

与实现创造相悖的道德应被视为道德的恶性发展,犹如构成人类社会的细胞组织的一个恶性肿瘤。

*

日常语言是精神的一种工具和形式;借助诗,语言变成精神的一个目的和内涵。

*

形而上学可能有某种阐释,而不是论证;一种形而上学展开过程中的论据通常是修辞性质的伪论据。即便像斯宾诺莎那样以几何学的方式,纯粹通过论据、"公理"和"定义"来展开的形而上学,实质上也是一种阐释。

*

说你的邻居一般具有某种内心生活,这不是一个严格科学的论断或假设。离了它我们也许不能在社会中生活的这种论断或假设,包含着一种泛灵论的想象,犹如编写童话。

✳

不论我是否谦虚,谦虚是我从来不想因之得到赞扬的美德。

✳

对一种大众文化,你必须以一个"专家"的严肃性来把握;对一门专业,你必须以敬业精神来钻研,排除作为业余爱好者特点的随意态度。

✳

萨佛纳罗拉①说:魔鬼若皈依基督教思想,其行为依然故我。

✳

为了在生活中哪怕是部分实现,精神的自在理想必须是完全不可实现的绝对空想。

✳

代表道德生活精髓的"绝对命令",从其提出之日起就成为理解人间道德生活的极其广泛多样的现象学的最大障碍。

✳

我们的"英雄"的观念无疑是一个蛮族的观念。只不过应补充的是:一个观念的起源同它的合理性毫无联系。

✳

史学乃是插上想象力翅膀的文献。

---

① 杰罗拉莫·萨佛纳罗拉(1452—1498),意大利多明我会修士,天主教改革家。

*

拿恺勒的耶稣对拿着一枚铸有国王头像的硬币对他进行试探的人说:"恺撒的归恺撒,上帝的归上帝。"从伦理学的观点来看,这个回答根本谈不上什么"英雄气概",也够不上救世主或者神明的水平,纯粹是外交辞令。

*

政治和外交迫使使徒保罗发言,对统治和"权力"表态。"任何权力来自上帝。"这种论断应该用外交的标准来观察和衡量;否则,此类论断导致最严重的无耻行径,正是从诸如此类格言出发,有多个君士坦丁堡大主教藏身于教堂的祭坛后面,等待国王被僭主杀害的消息,随后赶紧跑去用浸透虚伪之油的小十字架为新国王加冕祝圣!

*

说来很令人悲哀,但确实如此:即使是精神,为了在这个世界中得到自我实现,也需要某种外交活动。

*

我们接受却并不付诸实践的道德规范,乃是意识的某种寄生虫。我们主要是通过学校把诸如此类的寄生虫汇集于我们的意识之中。我们从中获得的唯一好处是心头的某种刺痒。

*

"故我在。"① 啊,上帝,只有哲学家认为存在是一个"结论"。在正常人看来,存在是一个"前提"。

---

① 原文为拉丁语。

✽

中世纪是名目繁多的特权的时代。上帝被赋予的特权是：从给予他的定义本身来说，他就"存在"。

✽

萤火虫说："在我们出现之前，光是星星垄断的专利。"

✽

通常，由于并非人力所能及的野心作祟，困扰和阻碍人实现确实力所能及的某些抱负。这种冲突的结果往往是一事无成。

✽

对于活跃的人，我们倾向于相信比他们实际能力更聪明。但既有帕尔万①那样的慢性子的大智大慧人物，也有博格丹-杜伊科②那样的活跃的大笨蛋。

✽

不幸的人自我陶醉，自认为大智大慧，足以取得一切成就。

✽

伟大的"实践家"乃是不太在乎功利，把某种学说付诸实践的人。

---

① 瓦西列·帕尔万（1882—1927），罗马尼亚历史学家和考古学家，原始公社和希腊-罗马文明专家，被认为是罗马尼亚新考古学派的创始人。罗马尼亚科学院院士。
② 乔治·博格丹-杜伊科（1866—1934），罗马尼亚文学史家，罗马尼亚科学院院士。

※

关于我们生存的地理学，我们有极其错误的意见。我们想象自己生活在欧洲的某个国家、某个县。实际上，我们在围着好望角转。

※

从一代到另一代，人们觉得历史在"坠落"。实际上只是在月亮"落山"意义上所说的坠落，而保持着相同的距离。

※

我没有见过头脑不轻易发胀的立法者。他们为自己炮制的法律骄傲，以为自己像发现自然规律的自然科学家。但两者不是一码事。

※

康德孜孜不倦地花费几十年的时间，努力创制他的批判哲学，据说是为了保持清醒，为了不睡觉和不做梦。仿佛"存在"乃至"精神存在"也可以不知疲倦和没有梦想一般。

※

对某种哲学理论的轻信态度很容易产生经院哲学。

※

哲学家，切勿封闭你的体系，否则就会变成经院哲学家。

※

经院哲学永远试图发展来源自伪问题的某些"理论"。

＊

对于"伪问题"的恐惧,本质上是破坏性的和不健康的。所以,我认为"伪问题"并不构成人类的奇耻大辱。

＊

没有任何事情比确定问题与伪问题之间的界线更困难。如果我们严格贯彻维也纳学派的新实证主义的标准,很快就会得出结论,断言一切问题都是伪问题;问题与伪问题之间的差别或应让最敏锐的哲学高手去操心。

＊

任何哲学在发展中无不受到某个"经院哲学"阶段威胁,正如生命受到硬化症威胁一样。

＊

"评注"乃是"是"一词的无限延伸。

＊

对于"我"与"我的身体"之间的联系,我一无所知。对这种联系的构成更是绝对无知,尽管它是存在的。但努力了解或认识这方面的某些知识或根本不合时宜。也许,正当我了解或认识我与我的身体之间的"联系"究竟何在时,这种联系突然断裂。在制约这种联系的各种可能情况中,或必须考虑它很可能超乎我的意识。

＊

达到愚蠢顶点的不是愚蠢本身,而是聪明过头。

*

一个人冠有的名字是一种刺激，一个有待实现的理想？你或名叫帕斯卡，而且或就变成帕斯卡那样的大思想家，多大的巧合！

*

大自然中，事物本质上是"天然的"。但同时，在任何地方，事物没有像在自然条件下那样明显地"丧失天然属性"。

*

世界上没有比乐观主义更缺乏根据的状态。这种状态纯粹建立在幽默体液的基础上。

*

你想非常清楚地看清某物，切勿用过强的光照射，不要祛除表面的所有阴影。

*

一些作家，甚至是很有天才的作家，在对自己的写作进行理论阐释时，变得令人难以置信地愚蠢和迟钝。

*

一部语言辞典疯也似的从书架上跳出来。这件事情足以使人想象文学流派之多：未来主义，达达主义……

*

无论你多么向往和愿意，无法将自己的心脏从身体一侧移到另一侧。但诸如此类的企望或意愿终于像传染病一样在人们中间传播。新一代人言之凿凿。所有人都企望自己有一颗在身体右侧的心脏。

*

在道德说教全盛的时代，人的心理学被缩减为只有几个概念。

在道德说教衰弱的时代，心理学独领风骚。也许它也是一种说教。

*

无论过去和现在，最开明的时代是何等盲目！在十八世纪的启蒙时代，美学家和文学批评家们倾向于把寓言看作最高的诗歌体裁。

*

批判主义未必是现实感的证明。

*

黑格尔哲学一般被描述为一种最高度抽象和思辨的思想。就我而言，则要指责黑格尔过度经验主义。确实，他的思想更多是前科学的经验总结。

*

瞌睡长根。瞌睡像有时刹那间扩展根茎的植物，像玻璃窗上的冰花一样在我们体内生长。

*

小牛（"蜗牛"）一词是一个小小的动物博物馆，其中保存着用稻草填塞的从前的野牛标本。

＊

命运既包括一个人的性格的一贯性，又贯穿性格的矛盾性。

＊

艺术中的极端唯美主义思潮也是一种趣味反常。

＊

哲学是人的第二骨骼。

＊

在人类学博物馆里，或应在人的骨骼近旁并排摆上康德的"绝对命令"。

＊

对某个伟大的创造性人物做出的预想与其说像他本人，倒不如说更像他的追随者们。

＊

哲学不是发现现实世界，而只是想象可能的世界。

＊

大写的"真理"或曰"绝对真理"或许平庸得令人泄气，完全与人的生存水平不相称。面对这样一种状况，人或只能做出选择：不是拒绝诸如此类的"真理"，就是使生存水平倒退到零。

＊

康德在他的"人类学"中说，荷马的诗只证明直至他那个时代纯粹和明确思维的无能。这样的蠢话只能出自一个大思想家的头脑。

康德的论断之所以尤其令人吃惊，是因为这位哲学家在他的著作中多次强调，"直觉"是不同于"思维"的另一件事，它是意识的源泉之一，是意识不可还原为他物的条件之一。

*

若写一部人类蠢话史，或能看到说最大的蠢话不是低能的或者平庸的思想家，而是天才的思想家。

*

包含公开形式的政治因素的诗，可以用政治标准来判断；包含蕴涵形式的政治的诗必须用纯粹是诗的标准来判断。

*

思想的单纯的一贯性从来奠定不了一个大哲学体系的基础。人类历史上有价值的哲学体系一方面建立在某种登峰造极的一贯性，夸张的或狂热的一贯性基础上，另一方面建立在内在的严重的矛盾性基础上。

*

为了能看到心而把它掏出来，无异于自杀。

*

太阳黑子不可能与这个星球的光流量无关。黑子无疑是阳光变暗的原因本身。

*

女人是一个视觉的幻影：正像天空一样。

✲

有些女人是透明的、冷淡的、理智的，具有神态的完美的规范性。这样的女人可以用作结晶学课本的特别生动的插图。

✲

席勒按照"谜语"的模式写诗。保罗·瓦莱里也是如此。他们写的即使不是诗，也是诗的"节"和"句"。无人可与比拟的这两个诗人，自然在"手段"方面与众不同，但促使他们写这种类型诗歌的是极端的唯理智论。

✲

许多军队的指挥官打败仗，因为他们轻敌。

✲

绝大多数逻辑论据在任何时候和任何地方多可能导致反"现实"。但如果你得出结论说"现实"本身没有逻辑性，那么上述所有论据就会突然转身反对"逻辑"。

✲

三段论不是也不可能是历史之母。

✲

在我们的原始时代创造了罗马尼亚语的所有无名的罗马尼亚人，都是爱米内斯库诗歌的合作者。

✲

语言是一个民族的第一部伟大史诗。

简记篇

造人想必很难：能够一次造成的只有上帝。

*

大自然没有按照其*模型*完成自己创造的唯一生物看来是人。其他一切生物，不论是动物或者植物，都是完成的。所以，人创造历史，旨在用自己的力量来完成对自身的塑造。也正因为如此，动物没有历史。

*

在品德领域里，我们必须全力挺进，以物尽其用，发掘其全部价值。

*

我们这个世界上的人是如此众多，所以我们至少应该通过自己的创造，成为不同于芸芸众生的某种他物。

*

各种艺术彼此不分高下，因为它们完全是**不可比的**。你能有什么尺度来衡量它们？

*

外部世界在我们身上引起种种反应。精神利用其中的某些反应作为认识的手段。它将挑选哪些"反应"用于这一目的？那些比较**恒定的**，亦即可以视为外部世界的象征的反应（视觉、听觉）！机体自然力求这些器官保持完全和持久的最大平衡。因此，势必存在机体借助某些感官的反应来创造若干定量的趋势。这样，机体解决了环境的力量促使它提出的"认识"世界的问题。"易变的反应"是不可用的。机体力求不让它们"变动"。

✳

外部世界的"思维"来自何方？我们又为何如此轻易地接受这种或那种概念性的解释？当然不是来自外部世界的结构，而毋宁说来自这些概念性解释的方式。这些解释与外部世界的结构也许风马牛不相及，而是同它不相干的——所以也是无害的——附加物。世界向我们展现的只是可以用无限多的方式解释的某一部分；而我们的解释并非名副其实的解释，而是我们根据外部世界提供给我们的它的乐谱上的一个音符唱出的小曲。

生活在孤独中，你势必悲哀，生活在社会中，却又变得世故。

✳

一条狗独自待在森林里。它坐着。默默静听着什么。随后闪动鼻孔，伸嘴去嗅。是一个天使从它身旁经过？

✳

历史上时时发生形而上学家——不是具有所谓现实感本能的人——对其内容具有固有敏感性的事件。要求有形而上学的眼光来观察的更深层的现实变革正在发生。今天，看来我们正生活在这样的一个时代。

✳

物质的超验禀赋：这是艺术的对象，艺术也赖以为基础。物质是完全不同于精神的他物。但我们不知道在什么样的环境下，精神的某些潜在的奇特对应物沉睡于物质中。揭开来看，这些对应物构成物质表达就定义而言不属于它的东西的能力：精神。借助艺术家，物质超越自己。所以，艺术家是物质的拯救者。

✳

原始人对他们所雕刻的偶像自然有着完全不同于文明人的看法和意识。原始人没有他们在塑造偶像的意识,而是认为偶像似乎在通过自身进行塑造……借助魔法。否则,原始人或永远不会*膜拜*偶像。

✳

天使势必不同于孩子,首先是他们没有孩子不断提问的习惯。尽管他们缺乏提出问题的激情,其幼稚无知却不亚于孩子。

✳

虹:大自然的最多余的现象。上帝的某种虚荣心。

✳

一个经验的"体验"只是"可能的神话"、"潜在的神话"的一段记录。

✳

一个像所有哲学家一样不讨人喜欢和沉默寡言的哲学家,嘴角上长满深深的皱纹,被问及为什么始终沉默时,他答道:"亲爱的,有什么办法,上帝把我的嘴放进了休止符里!"

✳

被理解为生命时段的年龄,极少取决于生命的其他属性,其原因在于它本身在一定程度上是生命的一个不能归结为他物的构成属性。年龄就像一首乐曲,不论弹奏得强或弱,都有其自身固有的形态和时间维度。

✲

神明们有着无节制的虚荣心。他们要过如此光彩耀人而完美的精神生活,所以把自己的光环打造得珠光宝气,犹如一件首饰。与孔雀开屏如出一辙。

✲

孩子,有谁不爱他们?在我们这个世界上,只有他们出于同他们的年龄有某种关系的秉性对形而上学感兴趣。几乎每个孩子都对形而上学感兴趣,其态度远比任何国家的中学教师更加真诚。

✲

存在主义:无能的哲学,失败有理的诡辩,贫乏的论说。

✲

人的唯一终极目的是创造。**只有**这个目的才能同样赋予手段以神圣性。不论什么手段。

✲

愿我们把自己的固定不变的观念减少到最低点!

✲

任何造物都是一个被剥夺权力的上帝。人可能充分意识到这种状况。这种意识难道不也变成某种"宗教"吗?

✲

如果存在魔鬼的话,那么魔鬼的宗教或许不是无神论的,亦即不是理论上否定的,而是采取亵渎神的实际行动的斗争态度。在人的宗教中，难道不是因其作为被剥夺权力的上帝的状态而夹杂着某种亵渎神的色彩？

＊

对最高幸福的渴望，乃是所有神秘主义者所固有的，他们善于用他们的方式（上帝附身的心神迷醉的幻觉状态）来满足自己。但这本质上是对一种代用品的渴望。他们的潜意识企望形而上学禁止我们拥有的那种幸福——成为上帝、"中心"。正因为如此，我认为更应抛弃代用品，正视你注定必须肩负起的创造使命，尽管那**不是**幸福。

＊

再者，神秘主义者所固有的这种"歇斯底里"妄念——对最高幸福的渴望，我始终觉得带有某种庸俗色彩。

＊

颇为吊诡的是，恰恰在自诩为最具"精神性质的"神秘状态中，性的因素似乎比在其他精神修炼中更少遮掩。

＊

伟大的无名氏：不仅是*未知的上帝*[①]，而且是隐蔽之物的一贯的和始终不渝的守护者。

＊

在界定某个事物的工作中诉诸同义反复时，食指代替了智慧。

[①] 原文为拉丁语。

*

谈到无论如何不可改变的任何事情或状况时,神明们异口同声说那是无可挽回的东西,犹如已经逝去的岁月。

*

有人号召文学批评家,广而言之,艺术批评家,换位思考,像演员转换成"角色"一样。所不同的是批评家不是"**表演**"角色,而是描写角色。

*

先知之名应授予有能力实现他所预言的事情的人,而不是预言正在实现的事情的人。

*

蜗牛为何不快走?因为它坚持在途经之处埋头铺设一条白银之路。

*

任何入门书都是一部精神自动机。

*

如果陨石懂得"发光"对它们意味着什么,那么光不会成为它们的希望。

*

发现世界各种事物和事件发生的主要理由与其说是一个理智问题,毋宁说是情感问题。

*

滥用逻辑主要是疯狂的信号，而不是正常的信号。

*

理性因具有我们赖以赋予存在以某种意义的功能，一般不太可能是与其他器官并列的一个普通器官，而是作为整体的人的一种表述。

*

不产生有害结果的心灵危机注定会反复出现。

*

山自称为"山"。大地称之为"小肉瘤"。

*

一个创作者只有开始发现有许多模仿者时，才试图超越自己。

*

如果一个创作者开始发现有许多模仿者时还不能超越自己，那么最好把自己的手艺交给模仿者打理，在他们的队伍中或许还有人能把握超越的机会。

*

现实感是几乎所有人都有的官能……或多或少如此。"哲理化"意味着这种感觉部分或者完全模糊、消除。因此，"哲理化"在某种程度上甚至消除了作为"现实感"基本原理的同一律。面对无限期保持其同一性的客体，哲学家或许会说："不，客体并不自我保存，而是每时每刻被重新创造，或自我更新。"

＊

三段论不能再现思维的自然关联。

＊

女人的理想因时代而异。她们似乎讨厌自己的血肉之躯,不断变换着喜欢的躯体材质。希望自己的躯体时而似大理石,时而似泥,时而似光,时而似钢筋混凝土,时而似经过锤子在铁砧上捶打的锻铁。她们的时髦取决于诸如此类的幻想。

＊

没有任何一个诗人做诗:浪漫主义诗人**唱**诗,古典主义诗人为诗**立规**。

＊

任何哲学无不是哲学家不得不使用"上帝"一词的长篇晦涩辩白。

＊

仔细地看,唯物主义置于其论证核心的"物质"概念旨在变作上帝观念的一种"阐释"。

＊

世界上最有效的军队是种子。二十亿年来,它们一直战胜死神。

＊

谈到性格的培养,一般赋予旅行以特殊重要的意义。错!我们从体育常识即可知道:这种运动只不过是位置变换,丝毫不改变换位者的内在精神世界。

*

"人道的待遇"是一个不恰当的词。难道只有借助那些不人道的因素才能定义其自身?

*

批判意识摈弃任何神话。但我们的潜意识离了神话就没法生活。

*

人在神话中呼吸,正如动物在自然环境中呼吸一样。

*

过去是未来的影子。

*

对于形而上学性质的问题的答案只是问题的回声。

*

重要的不是自由,而是自由的意识。即使不存在自由,自由的意识也能产生。

*

心理分析专家告诉我们,存在意识对其某些内容实施"正常的检查"并强制它们变成潜意识。我认为我们的生活中存在各种各样的"检查"。其中显然也存在潜意识对其某些内容和倾向实施的"检查",以防止它们变成"意识的"因素;这样做的动机是非常正确的:无论如何不能使我们的"自由意识"变质,因为那是特别适合于我们的"创造性"存在的本质因素。

*

"自由意识"永远溢出我们所享有的自由——如果我们享有的话,这是因为主导我们的许多条件是我们所不知的。再者,至少在某些情况下,看来潜意识实施某种名副其实的"检查",以保持"主导"我们的某些条件不为我们所知。

*

存在主义者颇为矫情地抱怨说,他们不得不肩负大气的全部重量。确实,如果都揽在自己肩上,这种重量是大得难以忍受的,但只有存在主义者感觉得到,或更准确地说,假装感觉到。由此产生了一个夸大人的处境所固有的悲剧性和赞美人的坚强意志力的机会。

*

假定存在主义者生活在一个封闭的社会体系里,看一看他们在自己的故作深奥的理论中所论证的种种无谓的重大忧虑会产生什么结果,或许是很有趣的……

*

对于*未来*,所有"凡人"都有先知的态度。对于*现在*,只有先知才有先知的态度。

*

你喜欢如此标榜的你的"自我",无非是压在你命运之肩上的一袋骸骨。

＊

批评家的作用是在诗人使用无言艺术之处应用语言艺术。

＊

你想事事独创，好似大言不惭，但不想独创更是颜面扫地。这是你很难体面地摆脱的两难处境！

＊

假设亚当会写作，我们或必须承认他的正字法无论如何是语音的，而不是语源的。

＊

耶稣基督说将向人间派遣一位抚慰使时，酒神巴克斯以为指的是他。

＊

你感到太孤独时，对自己也日益疏远。一旦恢复正常，你与他人相处倍感亲切。

＊

任何极端主义都喜欢"铤而走险"。

＊

"历史"在其所有的年龄段都是杰出的梦想家。

＊

光与泪之间有何联系？我不知道。但既然眼睛既是光的器官，又是泪的器官,两者的联系是显见的,即使我们永远不能窥见其本质。

*

眼泪:唯一纯洁的造物。

*

"辩证法"中,在命题与反命题及量到质的飞跃中有足够的空间产生种种奇迹。

*

有些人不仅用嘴角,而且用全身外表微笑。

*

若我更柔顺一点,犹如浸在魔水中的一块炭,作为开始的事业或最终会获得成功。

*

阅读一篇后记不啻挖一个死人的墓。

*

任何一棵树变绿,都不仅是为了给大地遮阴。

*

放荡不羁的夜莺像任何一只麻雀一样孵蛋。只用歌声,夜莺造不出雏鸟。像麻雀一样,它也必须孵蛋。

*

当太阳注视万物时,万物投下影子。

*

"爱"吸收其对象。这是其定义使然。镜子如果爱你,就不会把你的像映射出来。

*

任何唯我独尊的政党都试图变成教会。

*

任何高超技巧只是精神的一个完整的机制。

*

为什么极致的技巧一旦溢出精神,我们就不喜欢?因为这种技巧是一个信号,说明精神被不属于它的机制入侵和压倒。

*

没有比天才沦落为自己高超技巧的奴仆更难堪的处境。

*

这也是一条逃避你自己之路:把一切罪过和缺点全推诿到敌人账上。

*

还有哪种语言也说"我(自己)出生"、"他(自己)出生"?这个自反动词实际上表达一种假想。但在这样的假想中反映我们的精神所蕴含的对"人"的高度关注。任何一个人都被看作**自因**,犹如上帝。

*

阿尔盖齐？他正站在莱茵河的一处陡岩上，用金梳子梳头……清理头虱。

*

实现"乌托邦"的倾向乃是俄罗斯人民的一个恒常特征。有一位名叫尼古拉·伊万诺维奇·罗巴切夫斯基的俄国人是非欧几何的发明者。

*

如果现实具有严格理性的、纯粹逻辑的结构，未来、历史也许不可能从中形成。

*

黑格尔有条不紊和系统地发展了辩证法，以达到逻辑思想的无限多样化。实际上，一些后继者使这种方法蜕变为从逻辑观点来看最粗暴的和绝对荒谬的"非此即彼"的选择题。

*

一个地理概念：对欧洲来说，俄罗斯不是平原，而是难言有多深的深渊。

*

"辩证唯物主义"向我们所阐释的那种"物质"，乃是世俗化的上帝。

＊

还没有人指出过尼采在他的福音书《查拉图斯特拉如是说》中多大程度上发展了与马克思对立的思想。也还没有人指出过马克思的学说在最后几十年中多大程度上吸收了尼采的思想。只需在尼采所说的"超人"的地方换上党,你们便可得到你想要的一切:关于"功能真理"的理论、对于新客观性和无产阶级道德的赞美。

＊

无论何处和何时,当历史要把一种政治或社会思想付诸实践时,实现的只是这种思想的一幅漫画。

＊

在地球的历史进程中连续出现的各种奴役形态中,人的一切自然权利曾被逐一或者同时取消。只有人的沉默权没有任何人触动过。今天,看来在这方面状况也发生了变化。

＊

独裁制度缺乏任何色调层次感:无论是逻辑色调、政治色调或审美色调、形而上学色调。

＊

试图用武器来树立其权威的哲学不再是哲学。这样的哲学往往不知不觉变成宗教。用来树立某种哲学权威的"武器"这个范畴,我们认为虽然属于狂热盲动,却也是一门学问,有其一整套宣传工具和禁忌。

✽

从教皇到克里姆林宫，一切独裁制度无不梦想公民们热情追随，盲目顺从，犹如女人追求时尚。

✽

今天，在罗马教廷、克里姆林宫、巴黎时装和美元之间存在着全球统治的竞争。能够发现它们的公分母者将成为世界的主人。

✽

"批判主义"对于欧洲精神来说是一个不可逆转的历史阶段。这种态度在某种程度上构成欧洲思想结构的一部分。俄国人是尚未经历这个"阶段"的唯一民族。俄国人现在也进行"批判"，但一般说他们以某种"教条主义"的名义和观点来批判欧洲的自由精神。日丹诺夫无非是搬弄马克思主义词汇的神圣宗教法庭的检察官，犹如沙俄时代臭名昭著的神圣宗教法庭首任检察官波贝多诺采夫。

✽

"不同我们站在一条战线就是反对我们！"这句话经常见诸历史进程，却证明不了任何东西。充其量也只表明恐怖诉诸辩证法，而不是求助逻辑。

✽

巴比伦时期的奴役赋予了犹太人至今依然保持着的外貌。罗马尼亚人的面貌今天刚刚开始改造，以求永久保持到未来各代。

✽

对于唯物主义思想家，即使用唯物主义的观点来进行评价，你也不能有赞美之辞。唯物主义思想家永远用铁锤和铁砧思考，而从来不用神经细胞想问题。

*

一九三四年，我在一家杂志上发表了一篇文章，分析东正教的精神特征。这篇论文发表后不久，我收到杂志主编、一位著名的政论家、朋友、诗人和神学家的来信。这位朋友告诉我，如果我对神学做若干学说上的让步，或能成为东正教的托马斯·阿奎那。这封热情、执著的长信的用意就在于此。我同样以几页纸的长篇阐释回答这位朋友：我坚持自己的思想自由，以此来拯救精神活动的一个基本前提。回信结尾，我向他致以我的兄弟般的真诚友爱，签名是……卢齐安（半是托马斯·阿奎那，半是多疑的多马）。

*

按照"路线"写文章，意味着采取功利主义的党派态度奉命按题作文，也就是把希腊神话中的飞马珀伽索斯变种为本地良驹。

*

西方的所有"存在主义者"落后于这里"铁幕"后的"存在主义者"。西方的存在主义者依然在咖啡馆里虚度时光而迟迟不能成熟，摆脱不了青春期危机，而这里的存在主义者经受住了历史的考验。

*

一九五八年，我们生活在分裂为不同阵营的世界里，尽管双方异口同声坚持说为保卫和平而斗争。但如果仔细观察，就会发现保卫和平的斗争被赋予完全特殊的意义：一个阵营期待另一个阵营不战而降。

✳

"物质"的辩证观经过乔装打扮,甚至把"奇迹"观念也收罗了进来:"辩证飞跃。"

✳

近几十年来,政治和哲学远比或是必然状态更严重得多地混淆在一起,哲学被引入歧途,反复谈论那些以往不言自明的问题。

✳

正确理解生活的格言,意味着按照生活的要求,适当加以校正。

✳

河流怀着有朝一日到达大海的坚定信念和希望。到达大海前或许会蒸发的想法,没有困扰它,因为在它看来,蒸发之类的担忧完全是书生的无病呻吟。

✳

宇宙中最不可思议的传播随着种子而发生。仿佛一个生物在任何一刻都能达到单独用它的种子布满周围世界的状态,而任何其他生灵都将窒息。

✳

最伟大的历史业绩属于埃及人。他们试图将对于外表的某种偏爱扩展至死亡,将此作为一条保存尸体的原则。

✳

试图做自己实际能力不及之事者,终将被自己的技巧所害。

*

有谁会对至少一半人类表达爱？对整个人类将提出指控的好斗家伙！他们需要证人。

*

一旦登上领导宝座，你的言谈举止或像一个简单的零件，或像一个小学生，却不像一个正常人。

*

人人都极其在乎自己的名字！但并非因为洗礼是一桩圣事。

*

我们同现实最亲密的接触发生在需要我们回应的呼吁形式下。

*

如果创作完全无条件地受原创性公设引导，"存在"就永远走不出"混沌"。

*

如果我们没有原罪——我们内心河谷的漂流族群中的这些独特的固有形象，那么我们的"自我"如何再认同自己？

*

上帝是我们的父。之所以是父，当然是因为在末日审判时，他将瞒天过海做出偏向于我们的评判。

✽

世界上存在一种事务主义，始终将义务与道德的无意识行为混为一谈。

✽

存在着失败者对胜利者的一种事后报复：胜利者不自觉地"同化"失败者，而失败者获得作为胜利者存在的一个组成"部分"生存下去的"后存在"。

✽

哲学期望至少模糊地窥见简单的经验中丝毫也不显现的现实的隐藏的架构。与经验提供给我们的东西相比，哲学观念永远是一种出人意料之物：研究哲学意味着用X光透视任何现实。

✽

"回归自身的一条河"，这一形象或是一个极妙的象征，尽管描绘的是现实中不可能有的事情。诸如此类状况虽然就经验视角而言否定了形象，却就观念而言保证了其象征的普遍意义。

✽

生活中的个人永远或多或少是一种哲学的叛徒。

✽

历史乃是一连串的事例，说明人在多大程度上能够为形形色色的乌托邦献身。所有这些乌托邦的公分母则是人生必须活得有价值。

＊

"爱情"与"生命"是"死亡"大洋中的话语。"死亡"则是生活大洋中的一个话语。

＊

我们在什么样的情况下必须承认一种错误推论的绝对适宜性？在你想从一个错误的前提得到一个有效的结论时。

＊

在你树敌之前，先自问能否得到对方的同意。因为，单方面的敌意或像没有回应的爱情一样卑劣和不道德。

＊

人的倾向、能力、才干趋于独立自主地工作。你必须善于"*同化*"它们。

＊

在启蒙时代，"理性"完全排除"神启"，直至把它们扫地出门。但通过一个神秘的精神过程，理性本身在人们的眼里获得了"神启"的神秘声誉。

＊

面对美女，你觉得是在拿生命冒险，却又怀着某种喜悦。

＊

我们在世界上用来同他人接触的外表是一个婉辞。

✳

在彻底唯物主义的世界里，任何人再也不能出卖灵魂，因为找不到任何一个买家。

✳

就某种意义而言，人类的各种形而上学体系无不是上帝的谎言。因此，它们是辉煌和神圣的。

✳

黑暗与过度光明以同样的隐藏天赋见长。

✳

黑暗说："我逃避蜡烛，是因为厌恶使它燃烧的蜡泪和烛花。"

✳

在地理课上，天使们谈到欧洲时说，这个大陆的居民依然是食神族，犹如大洋洲的某个岛上的居民是食人族。

✳

眼泪是一个器官。有了它，看得更清楚。

✳

我们的壮年期有时仿效我们的童年，这通常导致美妙的结果。我们的老年仿效我们的壮年期，这永远是一件令人难以忍受的事情。

✳

不是灵魂，而是"精神"正在经受最痛苦的失望。

＊

我不知道世界上是否真正存在美德。但可以肯定的是，往往存在一种受邪恶驱使的理性。

＊

只有幼稚的人会认为，战争可能是肯定或否定某种观念的一个实验。即使战争出于意识形态的动机而爆发，这样的观点也是站不住脚的。

＊

一个名人的名字不是名字，而是富有魔力的符号。

＊

一个机体中的一个**独立的**细胞是癌症之始。

＊

一位名人从一朵花旁边经过，这朵花立刻有了文物的神态。

＊

一个国家、一个大陆、一个时代的所有人正在忍受的普遍痛苦，一个个人无论多么深刻地感受到，都不如他知道某种痛苦**只是**他个人独有的感受那样有益。

＊

教徒永远在世界上跪着走。

*

关注招募信徒比阐释其真理更起劲的任何学说，把培养精神上的无意识行为的技术发展到极致。信徒通常是这种技术的牺牲品。

*

宇宙中的任何生物，不论其自身完美与否，都试图创造一个上帝，尽管出于唯一的主的意志，这种尝试是失败的、徒劳无功和永远没有结果的。

*

任何一个哲学家都相信，经过前辈们几千年的徘徊之后，他最终掌握了"真理"。与这种自信感孪生的想法是，时间及其未来的一切可能变化统统中止了；因此，任何一个哲学家都有世界末日感的一刻。

*

任何一个人都想把自己的名字变成富有魔力的符号。

*

一个人对教会所做的任何许愿，都算在上帝账上。

*

在我们的想象中，万物皆是上帝的征象，犹如在古人的想象中，雨点是天上海洋的征象。

*

也许，我们不惜代价矫正自己的缺点或恶习并非总是适当。因为，这样做或会不知不觉中同时损害我们的某些能力和品德，它们需要这些缺点或恶习作为陪衬。

*

史前史从来没有停步。历史开始时，史前史变成亚历史。

*

真正的哲学问题在许多方面不同于科学性质的问题。试举一例：哲学问题逐一吸收给出的所有答案，从而变得越来越广泛和深刻；科学问题被给出的答案所吸收，从而消失。

*

受邪恶驱使的理性可能给人以美德的错觉。

*

据说任何人都不能走出自己的皮囊。不对。可以走出来。一切取决于你准备*流多少血*。

*

鼹鼠不能见阳光，但它的最大乐趣是把自己的窝搬迁到阳光下。

*

我还年轻，而且想永远年轻，因为我还有未来，因为我的真正的未来将在我*身后*到来。

*

蛇变成智慧的象征，因为它们几乎总是盘成问号的形状。

＊

沉默有时成为语言的最宝贵的因素，亦即语言借以成功地超越自己的唯一因素。

＊

阴影比现实更使我们害怕。

＊

一位伟大的肖像画家，即使有顾客指责他画的肖像不像本人，也完全有权反驳："这样的指责不应该针对我，而是要怪大自然没有把你造得更像肖像。因为，从所有特点来看，肖像呈现了你本来面目。"

＊

一个形象的象征性效果有时恰恰是由它的经验的不可实证性来保障的。希腊神话中狮头羊身蛇尾的吐火怪物即是一例。

＊

虚空乃是无限的血肉之躯。

"蓝色东欧"译丛（部分书目）

第 一 辑

- **《石头城纪事》**（小说）
  【阿尔巴尼亚】伊斯梅尔·卡达莱 著

- **《错宴》**（小说）
  【阿尔巴尼亚】伊斯梅尔·卡达莱 著

- **《谁带回了杜伦迪娜》**（小说）
  【阿尔巴尼亚】伊斯梅尔·卡达莱 著

- **《石头世界》**（小说）
  【波兰】塔杜施·博罗夫斯基 著

- **《权力之图的绘制者》**（小说）
  【罗马尼亚】加布里埃尔·基富 著

- **《罗马尼亚当代抒情诗选》**（诗歌）
  【罗马尼亚】卢齐安·布拉加等 著

第 二 辑

- 《我的疯狂世纪》（传记）
  【捷克】伊凡·克里玛 著

- 《我的金饭碗》（小说）
  【捷克】伊凡·克里玛 著

- 《一日情人》（小说）
  【捷克】伊凡·克里玛 著

- 《终极亲密》（小说）
  【捷克】伊凡·克里玛 著

- 《等待黑暗，等待光明》（小说）
  【捷克】伊凡·克里玛 著

- 《没有圣人，没有天使》（小说）
  【捷克】伊凡·克里玛 著

- 《花园里的野蛮人》（散文）
  【波兰】兹比格涅夫·赫贝特 著

- 《带马嚼子的静物画》（散文）
  【波兰】兹比格涅夫·赫贝特 著

- 《海上迷宫》（散文）
  【波兰】兹比格涅夫·赫贝特 著

- 《父辈书》（小说）
  【匈牙利】瓦莫什·米克罗什 著

第 三 辑

- 《乌尔罗地》（散文）
  【波兰】切斯瓦夫·米沃什 著

- 《路边狗》（散文）
  【波兰】切斯瓦夫·米沃什 著

- 《第二空间——米沃什诗选》（诗歌）
  【波兰】切斯瓦夫·米沃什 著

- 《无止境——扎加耶夫斯基诗选》（诗歌）
  【波兰】亚当·扎加耶夫斯基 著

- 《捍卫热情》（散文）
  【波兰】亚当·扎加耶夫斯基 著

- 《索拉里斯星》（小说）
  【波兰】斯塔尼斯瓦夫·莱姆 著

- 《遗忘的梦境——查特·盖佐短篇小说精选》（小说）
  【匈牙利】查特·盖佐 著

- 《流星——卡雷尔·恰佩克哲学小说三部曲》（小说）
  【捷克】卡雷尔·恰佩克 著

- 《神殿的基石——布拉加箴言录》（箴言）
  【罗马尼亚】卢齐安·布拉加 著

- 《十亿个流浪汉，或者虚无——托马斯·萨拉蒙诗选》（诗歌）
  【斯洛文尼亚】托马斯·萨拉蒙 著

• 部分书名为暂定，以出版时为准 •